YR YSGOL

YSBÏWR YN YR YSGOL

Stori am y Sentars cynnar

GWENETH LILLY

Gwasg Gomer
1982

Argraffiad Cyntaf - *Medi* 1982

ISBN 0 85088 777 1

Cyhoeddwyd dan nawdd Cynllun Llyfrau
Darllen Cyd-bwyllgor Addysg Cymru

Argraffwyd gan J. D. Lewis a'i Feibion Cyf.
Gwasg Gomer, Llandysul, Dyfed.

DIOLCHIADAU

Rwy'n ddyledus i Archifydd y Sir, Caernarfon, a'i staff am eu cymorth yn y gwaith ymchwil ar gyfer y llyfr hwn.

Darllenwyd y deipysgrif gan y Parchedig Gwilym Parry, a'r proflenni gan Miss Lowri W. Williams. Diolchaf i'r ddau am eu gofal a'u cyngor ynglŷn â phwyntiau ieithyddol.

Rwy'n ddiolchgar hefyd i Mrs Mairwen Gwynn Jones am ei sylwadau wrth feirniadu'r stori yn yr Eisteddfod Genedlaethol (Caernarfon, 1979), ac am ei diddordeb calonogol yn fy ngwaith.

I STRYD TWLL-YN-Y-WAL

' Dacw'r Sentar goch ! Ar 'i hôl hi !'

Dechreuodd Lydia redeg.

Ag un edrychiad sydyn roedd hi wedi adnabod y bechgyn fel y ddau a oedd wedi ymosod arni o'r blaen yn Stryd Twll-yn-y-wal a'i churo hi nes yr oedd ei hwyneb yn gleisiau i gyd. Roedden nhw wedi ei gweld hi o'r Stryd Fawr ac wedi dechrau'i hela hi gan floeddio.

Trodd Lydia a dyblu'n ôl nerth ei thraed i gyfeiriad Pen Deitsh. Ag un llaw ceisiodd dorchi godre'i sgert rhag iddi blethu am ei fferau a'i harafu. Llamodd fel ysgyfarnog dros y cerrig, wedi ei sbarduno gan ddychryn wrth glywed sŵn y traed y tu cefn iddi. Fe'i lluchiodd ei hun ymlaen a theimlo'r dŵr budr o'r pyllau'n neidio i fyny dros ei sanau glân ; waeth am hynny rŵan. Roedd yn mynd yn fyr o wynt a'i cheg yn sych, ond roedd hi bron â chyrraedd pen y stryd.

Yn ei braw anghofiodd am y gris a godasai rhywun o flaen ei dŷ, yn groes i reolau'r fwrdeistref, ar ganol y ffordd gyhoeddus. Trawodd ei throed yn erbyn y garreg ac fe'i taflwyd hi i lawr ar ei gliniau. Â'i sgert laes yn ei lapio'i hun am ei choesau, ymdrechodd yn ffyrnig, ond yn ofer, i godi.

Agosaodd y traed, chwyddodd y bloeddiadau, ac roedd y ddau wrth ei phen yn ei chicio a'i dyrnu.

Gwnaeth ei braw hi'n gynddeiriog. Â'i breichiau'n saethu allan a'i dau benelin yn pwnio'n enbyd, llwyddodd Lydia rywsut i godi ar ei thraed. Gwthiodd ei phen-glin i fol un o'r bechgyn. Roedden nhw'n llai na hi, tua deg oed efallai, ond roedd yna ddau ohonyn nhw.

Y munud nesaf, dyma'r llall yn ei thaflu hi wysg ei

chefn yn erbyn y wal, nes cymryd ei gwynt yn lân. Dechreuodd y ddau grechwenu a chanu :

‘ Sentars, Sentars, ar y pentan,
Disgwyl twrn i fynd i uffarn !’

Roedd Lydia wedi crafu ei dwylo wrth syrthio, a thrachefn wrth gael ei lluchio yn erbyn hen gerrig wal y dref, ond trwy'r cyfan daliodd ei gafael yn sgidiau Dewyrth Ellis, a oedd wedi eu clymu yn ei gilydd wrth y careiau. Heb ollwng ei gafael ar y cortyn, hyrddiodd y sgidiau yn erbyn y ddau wyneb gwawdlyd.

Yr eiliad nesaf, cipiodd y bachgen mwyaf y careiau o'i llaw a dal y sgidiau i fyny'n watwarus.

‘ Sentars, Sentars, sgidia' tylla' . . .’

‘. . . Glychu'u traed wrth fynd trwy'r pylla' !’ gwaeddodd y llall. A dyma'r ddau'n bloeddio chwerthin drachefn am ben eu ffraethineb eu hunain. Ceisiodd Lydia boeri arnyn nhw, ond roedd ei cheg yn rhy sych. Taflodd yr hogyn mwyaf y pâr sgidiau o'r neilltu ; ag anobaith chwerw gwelodd Lydia nhw'n syrthio i'r llaid rai llathenni o bellter oddi wrthi. Fedrai Dewyrth Ellis ddim fforddio colli pâr o sgidiau, er eu bod yn llawn o dyllau. Ceisiodd ddianc o afael y bechgyn a mynd ar ôl y sgidiau.

Ond unwaith eto dyma'r ddau yn cydio ynddi a'i lluchio'n giaidd at y wal. Trawodd dwrn un ohonynt yn erbyn ei thrwyn, nes gwneud i ddagrau poeth neidio i'w llygaid, a dyma'r llall yn ei tharo yn ei cheg. Bellach roedd ar Lydia ofn am ei bywyd, a gwaeddodd nerth ei phen. Hwyrach y clywai rhywun yn y tai gyferbyn, neu ym Mhen Deitsh.

Sbonciodd ei chalon gan lawenydd, o achos ymddangosodd dyn ym mhen y stryd : dyn mewn dillad parchus, twrnai efallai, wedi clywed ei chri. Gwaeddodd

Lydia yn uwch. Edrychodd y dyn yn syth ar draws ati. Peidiodd ergydion y bechgyn wrth iddyn nhw weld gwawr o obaith yn ei hwyneb, ac fe drodd y ddau eu pennau i edrych ar y gŵr. Yn sydyn, dyma nhw'n ailgydio yn y gân :

' Sentars, Sentars, ar y pentan,
Disgwyl twrn i fynd i uffarn !'

Yn bwyllog, trodd y gŵr ar ei sawdl a cherdded yn ôl i'r un cyfeiriad ag y daethai ohono.

Aeth calon Lydia'n sâl. Anodd credu y buasai unrhyw ddyn gonest yn ei gadael hi i gael ei churo gan y bechgyn, ond doedd yna ddim amheuaeth mai dyna a wnaeth y gŵr.

Dechreuodd y bechgyn ei dyrnu'n galetach nag o'r blaen. Ni allai wneud dim i'w hamddiffyn ei hun ond swatio yn erbyn y wal a throi ei phen o'r neilltu â'i breichiau drosto. Disgynnodd yr ergydion arni fel cenllysg.

Ni welodd yn iawn yr hyn a ddigwyddodd wedyn. Roedd yna rywun arall wedi rhedeg atynt ac wedi'i hyrddio'i hun yn erbyn ei gelynion. Cafodd Lydia gipolwg ar droed yn cicio i fyny gan fachu am lin un o'r ddau fachgen, nes ei dynnu oddi ar ei echel a'i daflu ar ei hyd ar lawr. Gafaelodd ei phleidiwr yn ysgwyddau'r llall a'i luchio wysg ei gefn nes i hwnnw ddisgyn ar ei eistedd yn y llaid. Cododd bron ar unwaith a symud ymlaen â'i ben i lawr fel llo cynddeiriog, a golwg enbyd ar ei wyneb.

Erbyn hyn roedd Lydia'n barod amdano. Sathrodd yn galed ar ei droed, ac ymhen yr eiliad clywodd â gorfoledd y glec fel y trawodd dwrn ei chyfaill yn erbyn gên y llall. Dyma hwnnw'n gwegian ac yn cwympo drachefn. Gwelodd fod y gwffas ar ben ; roedd ei ffrind wedi dianc yn barod. Dan glunhercian, ac â golwg hurt ar ei wyneb, simsanodd y bachgen i ben y stryd, a diflannu heibio i'r gongl i Ben Deitsh.

'O Morus,' meddai Lydia, 'diolch iti!'

Prin y gallai siarad, ac roedd ei llais yn swnio'n rhyfedd.

'Dy glywed ti'n gweiddi wnes i,' meddai Morus.

Mab i gymdoges iddi oedd o, a disgybl i'w hewyrth Ellis. Doedd o ddim yn fachgen golygus, ond roedd o'n hardd yn ei golwg y munud hwnnw. Syllodd arni â phryder.

'Fedri di gerdded?'

'Medraf.'

'Tyrd adre' 'ta. Dyro dy bwysa' arna' i.'

'Sgidia' f'ewyrth.' Dangosodd y sgidiau'n gorwedd ar y stryd, ac aeth Morus i'w codi o'r llaid. 'Eisio'u gwadnu,' eglurodd ag anhawster, gan fod ei cheg yn brifo cymaint.

'Mi a' i â nhw at y crydd. Dyn, mae 'na olwg ofnadwy arnat ti,' meddai Morus â thosturi. 'Fel bwgan brain,' ychwanegodd.

Fel arfer buasai Lydia'n barod ag ateb hallt i sylw o'r fath oddi wrth Morus. Y tro yma, tawodd, am sawl rheswm, ond yn bennaf oll am fod y disgrifiad yn deg. Â'i chap dros ei llygaid, ei sgert a'i ffedog a'i sanau'n llaid i gyd, ei thrwyn a'i cheg yn chwyddo, ei hwyneb yn fudr a gwaed yn llifo i lawr ei gên o hollt yn ei gwefl, roedd hi'n debycach i un o gardotwyr y dref nag i ferch i deulu bonheddig a nith i ysgolfeistres barchus.

'Awn ni adre' at Mam gynta',' meddai Morus wrth iddyn nhw fynd am y Porth Mawr, 'rhag i Mrs Rowlands ddychryn gormod wrth dy weld ti.'

Cytunodd Lydia'n ddiolchgar; roedd gan ei modryb ddigon ar ei meddwl fel ag yr oedd.

‘Be’ oeddet ti’n ’i ’neud yn Stryd Twll-yn-y-wal ?’ gofynnodd Morus.

‘Mynd â neges i Mrs Parry ynghylch y cwrdd nos yfory . . .’ Tawodd Lydia’n sydyn wrth weld Morus yn rhoi’i fys ar ei wefl. Roedd y Stryd Fawr yn weddol brysur a gallai un o’r bobol o’u cwmpas fod yn ysbïwr.

Roedd hi’n falch bob amser o adael tref Caernarfon. Er bod y trigolion yn brolio’r castell a’r muriau trwchus, ac er mai’r tu mewn i’r waliau roedd tai’r bobol fawr â’u gerddi braf, roedd y dref fel carchar i Lydia, ac roedd hi’n falch ei bod hi’n byw yn y faestref. Dychrynwyd hi’n blentyn bach gan faint anferth y castell, a oedd fel trigfa rhyw gawr ofnadwy, a doedd hi byth wedi colli ei harswyd ohono. Arferai’r hen bobol adrodd ei hanes yn y Rhyfel Cartref, a sôn am orchestion Capten Swanley a Major Mytton a helyntion y trigolion pan oedd y naill fyddin ar ôl y llall yn ymosod ar y muriau ac yn llosgi’r tai yn y faestref. Ond roedd chwarter canrif wedi mynd heibio ers hynny. Erbyn y flwyddyn yma, 1671, roedd yr hen gastell yn ddigon tawel ac yn ymadfeilio’n ddistaw, ac i Lydia, a anwyd ym 1659, nid oedd y rhyfel ond megis breuddwyd, yn bell, bell yn ôl.

Dyma nhw’n cyrraedd cartref Morus, ac yn sleifio i mewn yn ddistaw trwy’r drws cefn rhag tynnu sylw ewythr a modryb Lydia yn y tŷ nesaf ato. Gwaeddodd Mrs Llwyd, mam Morus, wrth weld cyflwr Lydia. Ond roedd hi’n ddynes gall, a heb ddisgwyl i Morus ddweud yr hanes, gwnaeth iddi yfed diferyn o *aqua vitae*, a dechreuodd olchi a thrin ei briwiau. Mewn ychydig funudau roedd Mrs Llwyd wedi rhoi eli ar y cleisiau, cribo’i gwallt a thacluso’i dillad. Roedd Lydia’n teimlo’n well o lawer pan aeth i’w thŷ ei hun, â Morus wrth ei sodlau.

‘ Lydia bach, be’ sy’n bod ? Be’ ddigwyddodd ?’ gofynnodd Modryb Catherine.

Adroddodd Morus yr hanes mewn ychydig o frawddegau.

‘ A chdi a’i hachubodd hi ? Dyna fachgen dewr wyt ti !’

Cochodd Morus. ‘ Hogia’ bach oedd y ddau.’ Tair ar ddeg oedd Morus, ac yn gryf a chyhyrog o’i oed. ‘ Mi glyw’is i Lydia’n sgrechian a’r bechgyn yn gweiddi ‘ Sentar ’ arni hi.’

‘ Ust !’ Edrychodd Modryb Kate yn bryderus i gyfeiriad stafell Dewyrth Ellis. ‘ Mi fyddai’n well inni beidio â gwneud gormod o’r peth yng nghlyw Mr Rowlands, rhag iddo boeni . . . Diolch o galon iti, Morus. Wn i ddim be’ fyddai wedi digwydd i Lydia druan, pe na bai amdanat ti.’ Roedd yna dipyn o syndod yn ei llais, gan fod Morus yn fachgen tawel, ffeind fel arfer.

‘ Mi ddaru Morus ’u *llorio* nhw mewn dau funud.’ Roedd y lliw’n dechrau dod yn ôl i ruddiau Lydia.

‘ Pwy oedden nhw . . . plant tlawd ?’

‘ Nage . . . bechgyn mewn dillad eitha’ taclus. John Thomas oedd un.’

‘ John Thomas . . . mae o’n fab i dwrna’ !’

‘ Ac mi ddaeth ’na ddyn i’r golwg,’ cwynodd Lydia, ‘ a ’nghlywed i’n gweiddi nerth ’y mhen a gweld y bechgyn yn ’y nghuro i, a wnaeth o ddim wrth ’u clywed nhw’n bloeddio ‘ Sentar ’ arna’ i! Roedd yntau’n edrych fel twrna’ . . . un o drigolion Lôn Blac Boi.’

‘ Does ’na ddim cyfraith i ddiogelu Sentars yn y dre’ ’ma,’ meddai Mrs Rowlands yn chwerw.

II YR YSGOL YN Y FAESTREF

'Clyw, Lydia,' ychwanegodd Modryb Kate wedi i Morus fynd. 'Ddylet ti ddim gadael i bobol weiddi 'Sentar' arnat ti. Paid ti â'i gymryd o ganddyn nhw.'

'Esgus i fod yn frwnt oedd hynna,' meddai Lydia. 'Hen hogia' bach ciaidd ydyn nhw. Maen nhw'n gweiddi 'Cochan' arna' i 'run fath.'

'Ie, ond Lydia, dwyt ti ddim yn Sentar. Rwyt ti'n addoli yn eglwys y plwy' fel finna'.'

'Ond,' meddai Lydia, 'dwi'n addoli efo Dewyrth Ellis hefyd.'

'Wyt, debyg iawn, ond dim ond yn ein dyletswydd deuluol ni gartref. Mae hynny'n gyfreithlon.'

'Mae'n *well* gen i addoli efo Dewyrth Ellis. Dydw i ddim yn gallu dallt Ficer Llanbeblig. Cymraeg gwael sy ganddo fo. Ac mae o'n mwmian yn 'i lyfr ar hyd yr amser.'

'Rydw i'n cyfadde' 'i fod o'n well Sais na Chymro. Ond mae o'n ddyn dysgedig. Ac mae'n rhaid i bob clerigwr rŵan ddarllen y Llyfr Gweddi : dyna'r gyfraith.'

'Mae Dewyrth Ellis yn ddysgedig hefyd, ac mae pobol yn 'i ddallt o. Pam na chaiff ynta' bregethu hefyd ?' Doedd Lydia erioed wedi deall yn iawn pam roedd ei hewythr, sgolor o Gaergrawnt a oedd wedi bod yn rheithor yn Nyffryn Clwyd ac yn ficer eglwys Clynnog Fawr, yn gorfod llaesu dwylo gartref a chynnal cyrddau gweddi'n ddirgel gyda dyrnaid o bobl yr ardal. Yn sydyn roedd Lydia'n ymwybodol o'i blinder a'i doluriau a'i chleisiau, a daeth digalondid trosti fel cwmwl du. 'Dydi o ddim yn deg !'

'Nac ydi, dydi o ddim yn deg,' meddai Mrs Rowlands

yn ddistaw. 'Ond dyna ydi'r gyfraith, 'y nghariad i. Rwyt ti wedi clywed llawer am y rhyfel cyn dy eni di, pan oedd Dewyrth Ellis a minnau'n ifanc : fel y cododd y Senedd yn erbyn y brenin, a'r wlad wedi'i rhwygo'n ddwy blaid . . .'

'A Dewyrth Richard yn ymladd ar ochr y brenin, a Dewyrth Ellis o blaid y Senedd . . .'

'Ie. Dyna iti beth ofnadwy : aelodau o'r un teulu'n troi'r naill yn erbyn y llall, a Chymry'n lladd 'i gilydd. Does ar neb eisio gweld y fath beth eto. Ac felly, pan ddaeth y Brenin Charles yr Ail yn ôl i deyrnasu, wedi marw Oliver Cromwell, roedd y llywodraeth yn meddwl y byddai pawb yn cyd-dynnu'n well pe byddent yn cyd-addoli yn Eglwys Loegr, a dilyn un ffurf o wasanaeth allan o'r Llyfr Gweddi Gyffredin ym mhob rhan o'r wlad.'

'Ond . . .' dechreuodd Lydia. Codai llawer 'ond' yn ei meddwl, heb iddi allu egluro'r gwrthwynebiad yn iawn hyd yn oed iddi ei hun, yn enwedig yn ei chyflwr blin. 'Pam mae pobol yn dre' 'ma'n casáu cymaint ar Sentars ?'

'Am fod y Sentars wedi cefnogi'r Senedd, a'r mwyafrif o bobol y dref a'r sir yn cefnogi'r brenin.'

'Ond ers talwm roedd hynny . . . amser maith yn ôl !' meddai Lydia'n ddiamynedd.

'Dydi o ddim mor bell yn ôl i ni'r bobol mewn oed sy'n cofio'r rhyfel, a'r holl ddifrod fu yn y dre' 'ma a thrwy'r wlad i gyd. Dyna pam mae trigolion Caernarfon yn dal i feddwl fod Ymneilltuwyr yn bobol enbyd.'

'Dydi Dewyrth Ellis ddim yn enbyd. Dydi Morus a'i fam a'i chwaer ddim yn enbyd !'

'Nac ydyn, siŵr,' meddai'i modryb gan wenu. 'Ond mae pawb wedi cael hen ddigon ar ryfela a chwffio. Mi wnân unrhyw beth i gadw heddwch a threfn yn y wlad.

A hefyd,' meddai'n araf, 'mae arnyn nhw ofn y rhai sy'n wahanol i'r mwyafrif.'

Edrychodd Lydia arni'n sarrug. 'Ar ochor y rhai sy wedi ennill maen nhw.'

'Lydia bach, roedd dy rieni di'n eglwyswyr selog.' Nid oedd Lydia'n cofio'i mam a'i thad ; roedden nhw wedi marw pan oedd hi'n fychan, a Modryb Catherine a Dewyrth Ellis wedi ei mabwysiadu. 'Pan fyddi di'n hŷn mi ddeëlli di'n well. Mi gei di benderfynu drosot dy hun bryd hynny. Ond fel y mae pethau, dwi'n erfyn arnat ti, paid â deud wrth neb dy fod ti'n Sentar, na finna' 'chwaith. Pe byddai pobol yn meddwl amdana' i fel Sentar mi fyddai hi ar ben ar yr ysgol yma, a ph'le byddai'n bywoliaeth ni wedyn ?'

'Ie, Lydia.' Daeth Dewyrth Ellis i mewn, â llyfr yn ei law fel arfer. 'Cofia di mai dim ond un Sentar sydd yn y tŷ yma.' Gwenodd ar ei wraig ; roedd y ddau'n deall ei gilydd yn iawn. Newidiodd ei wedd wrth iddo sylwi ar wyneb cleisiog Lydia. ''Y ngeneth fach i ! Be' ddigwyddodd iti ?'

'Dau fachgen a ymosododd arni yn Stryd Twll-yn-y-wal . . .' Tra oedd Modryb Kate yn adrodd tipyn o'r hanes, heb gyfeirio at y gân wawdlyd am 'Sentars', aeth Dewyrth Ellis â Lydia at y ffenest a throi'i hwyneb yn dyner at y golau. Wrth iddo weld ei thrwyn chwydd-edig a'r briw ar ei gwefus, trawodd ei ddwrn yn erbyn ei glun, a daeth cysgod tywyll a dieithr dros ei wedd am eiliad ; diflannodd ar unwaith.

'Morus a'i hachubodd hi. Mi roddodd gweir i'r gweilch drwg.'

'Morus !' Gloywodd wyneb Dewyrth Ellis. 'Morus Llwyd oedd y Samariad, ie ? Chwara' teg i'r bachgen ! 'Dydi'i Ladin o ddim yn saff bob amser, ond dwi'n falch ohono fo ! Hogyn dewr ! B'le dysgodd o gwffio, tybed ?'

‘ Mi gwffiais inna’, f’ewyrth ! Mi wthiais i ’mhenelin i fol un, a sathru ar droed y llall !’

‘ Da, ’ngeneth i !’ Ciliodd peth o’r llawenydd o wedd Dewyrth Ellis. ‘ Cofia, mae’r Gair yn dweud wrthym ni am garu’n gelynion, a pheidio â dial. Ond un peth ydi talu pwyth, a pheth arall ydi i rywun ’i amddiffyn ’i hun, yntê ?’

‘ Pwy a’th ddysgodd di i baffio, Morus ?’ Llefarodd Mr Rowlands yn Gymraeg, ac nid mewn Lladin yn ôl ei arfer yn oriau’r ysgol.

‘ F’ewyrth Jac, syr.’

‘ John Williams . . . wrth gwrs ! Paffiwr enwog yn ei ddydd. Roeddwn innau’n gwffiwr go lew ers talwm . . . yn adeg y rhyfel, wsti, pan oeddwn i’n llanc ifanc. Gredet ti ?’

‘ Credwn, syr.’ Er bod Mr Rowlands yn hanner cant, roedd o’n syth ac yn sionc, ac roedd ’na rywbeth yn ei lygad, ac yn osgo ei ben a’i ysgwyddau cryfion, yn awgrymu nad oedd o’n ddyn a gymerai’i drechu’n rhwydd.

‘ Ond nid i’r rhyfel y dylem ni roi’n sylw ar hyn o bryd, ond i ryfeloedd Cesar yng Ngâl.’ Newidiodd i Ladin. ‘ Agorwch eich llyfrau Lladin.’

Ufuddhaodd Morus a’i gyd-ddisgyblion, Nathan a Thomas, ond yn gyndyn. Roedd ganddynt fwy o ddiddordeb o lawer yn y Rhyfel Cartref nag yn rhyfeloedd Cesar.

Roedd hi’n iawn ar Morus, meddyliodd Lydia. Roedd o wedi dod o’r gwffas heb farc arno. Ac roedd Nathan a Thomas yn fechgyn dymunol, annhebyg iawn i ferched mawreddog fel Henrietta ac Arabel. Clywodd y naill yn sibrwd rhywbeth wrth y llall yn Saesneg, a'r ddwy'n chwerthin yn faleisus wrth astudio'i hwyneb chwyddedig hi.

'Fuost ti'n cwffio, Lydia ?' sibrydodd Henrietta.

'Dau fachgen ddaru 'nghuro fi yn Stryd Twll-yn-y-wal.'

'Ddylet ti ddim mynd allan ar dy ben dy hun. Mae 'na bobol *low* iawn yn y dre'. Fydd Mam byth yn gadael i mi fynd allan ar fy mhen fy hun. Mi fydd un o'r morynion yn mynd efo mi bob amser.'

Amneidiodd Arabel. 'Ac efo minna'.'

'Does dim angen y siarad 'ma.' Daeth Mrs Rowlands atynt o ddosbarth y plant bach ym mhen draw'r parlwr. 'Ydi pawb wedi gorffen copïo'r darn ? Mae'ch llawysgrifen chi'n gwella, Henrietta. Ie, Arabel ; rydech chi'n cychwyn yn dda, ond yn mynd yn ddiofal ar ôl yr ail linell. Y diwedd sy'n coroni'r gwaith, cofiwch. Siwsi . . . dyma lawysgrifen dlos ! 'Drychwch, bawb : fel hyn y dylai ledi sgrifennu.'

Gwenodd Siwsi, geneth fach dlos a chanddi wallt melyn del yn syrthio dros ei hysgwyddau fel cawod o aur.

'Darllenwch y darn, Siwsi.'

Darllenodd Siwsi yn ei llais addfwyn :

'Stone walls do not a prison make,
Nor iron bars a cage ;
Minds innocent and quiet take
That for a hermitage.
Richard Lovelace.'

'Peidiwch â hisian yr 's' yn 'prison' a 'bars'. Sŵn gwenyn . . . zzzz. Pwy oedd Richard Lovelace ?'

'Cafalîr dewr a gollodd ei gyfoeth a'i gariad drwy ei ffyddlondeb i'r brenin.'

‘ Ie, da iawn, Siwsi.’ Ochneidiodd dwy neu dair o’r genethod wrth glywed am dynged trist y bardd.

‘ Mrs Rowlands,’ gofynnodd Arabel yn ddiniwed, ‘ roedd y Cymry’n driw i’r brenin yn y rhyfel, on’d oedden . . . ’run fath â Richard Lovelace ?’

Un gyfrwys oedd Arabel, meddyliodd Lydia’n ddig ; roedd hi’n pigo’n ddistaw, ond yn greulonach na Henrietta. Credodd fod y gwrid wedi dyfnhau yng ngruddiau’i modryb, ond atebodd Mrs Rowlands yn dawel :

‘ Oedden. Fe lynodd y mwyafrif o’r genedl wrth achos y brenin Charles. Rŵan, fy ngenethod i, mae hi’n bryd inni droi at gyfrifon.’

‘ O !’ cwynodd Henrietta, ‘ dydw i ddim yn leicio *cyphro*. Pam na chawn ni ’neud miwsig, neu Ffrangeg ? Dyna’r petha’ sy’n bwysig yn llys y brenin.’

‘ Am mai yng Nghaernarfon yr ydech chi, Henrietta, nid yn llys y brenin. Pan fyddwch chi’n wraig tŷ, fe fydd raid i chi gadw cyfrifon yn eich cartre’. Mi wnawn ni fiwsig a Ffrangeg y prynhawn ’ma. Lydia, dos at y plant bach a darllen yr ABC efo nhw, wnei di ? A Siwsi, ewch chi i’r stydi i nôl Chwedlau Ewsop, os gwelwch chi’n dda.’

Gloywodd wynebau’r plant lleiaf wrth weld Lydia’n dod, gan ei bod hi’n chwarae efo nhw ac yn eu difyrru. O flaen pob un, yn crogi oddi wrth gortyn am ei wddf, roedd ei ‘ lyfr corn ’, darn o bapur â’r wyddor, y rhifau o un i ddeg, y fendith apostolaidd a Gweddi’r Arglwydd arno, â llen denau o gorn drosto i’w gadw’n lân. Roedd y llyfrau corn yma’n anghyffredin o siriol, gan fod Ellis Rowlands wedi eu haddurno â lluniau blodau, ffrwythau ac anifeiliaid, fel y byddai bysedd bach y plant yn crwydro o’r naill un i’r llall â diddordeb.

Aeth Lydia trwy’r llyfrau gan ddangos yr wyddor a’r lluniau : ‘ A am . . . afal, B am . . . buwch, C am . . .?’

‘ Ci !’ gwaeddodd y plant.

‘ Ust !’ sibrydodd Lydia, wrth weld Arabel a Henrietta yn edrych i fyny’n ddigofus o’u cyfrifon. ‘ Yn ddistaw, ddistaw bach !’

Cyn diwedd y wers rhaid oedd cael hoff wers y plant, ‘ Sŵn anifeiliaid,’ sef dangos y llythyren briodol yn y llyfr corn ac yngan y sŵn : ‘ Meddai’r frân : A-a-a. Meddai’r oen : Be-e-e. Meddai’r iâr : C-c-c. Meddai’r mochyn : Ch-ch-ch.’ Ychydig a wyddent wrth chwarae’r gêm yma, a dynwared sŵn moch a gwenyn a seirff, eu bod nhw’n dilyn dysgeidiaeth yr addysgwr mawr cyfoes Comeniws, wedi ei haddasu i’r Gymraeg gan Mr Rowlands.

Roedd Lydia wrth ei bodd efo’r plant bach, ac yn falch o’u gweld yn dysgu. Ond fe fyddai’n gwarafun weithiau pan fyddai Henrietta neu Arabel yn ei thrin fel morwyn fach. ‘ Lydia, gorffen di’r sym ’ma imi.’ ‘ O, dyna’r eda’ wedi dod allan o’r nodwydd eto ! Dyro hi’n ôl imi, Lydi !’ ‘ Does gen i ddim ’mynedd i ddatod y gwaith ’ma . . . mae’r pwytha’ mor fân. Gwna di o imi, Lydi !’

Y drwg oedd nad oedd wiw iddi ateb yn finiog : rhaid oedd trin y merched yma’n deg os oedden nhw i barhau yn yr ysgol, ac roedd ffafr eu rhieni’n bwysig i’w modryb ac i’r teulu. Pan fyddai Mrs Rowlands wrth law, fe fyddai’n cadw trefn, ond ar adegau eraill, byddent yn manteisio ar Lydia’n lled aml. ‘ A minnau’n ferch i deulu bonheddig,’ meddai wrthi’i hun yn chwerw, ‘ ac yn well sgolor na nhw o lawer ! Am fod ’u tada’ nhw’n dwrneiod, maen nhw’n meddwl ’u bod nhw’n well na neb!’ Plant i fasnachwyr oedd Siwsi a’r rhan fwyaf o’r genethod eraill.

‘Mae ’nhad i’n deud fod ’na well trefn yn y wlad ar ôl y ddeddf newydd yn erbyn y Sentars,’ murmurodd Arabel wrth wnïo yn ystod y prynhawn. ‘ Roedden nhw wedi mynd yn haerllug iawn ac yn corddi pobol ledled y wlad i godi yn erbyn y brenin eto. Roedd hi'n hen bryd rhoi taw arnyn nhw.'

Cododd Henrietta ei haeliau'n wawdlyd ac edrych i lawr ei thrwyn. ' Maen nhw'n *low* iawn. Fydda' i ddim yn poeni amdanyn nhw, wir.'

' Ydyn . . . ond er 'u bod nhw mor anwybodus, maen nhw'n cael dylanwad ar y bobol dlawd anllythrennog.'

' Yn Lloegr, ella. Ond ddim yn y sir yma. Mae Esgob Bangor yn deud nad oes 'na ddim sectaris yma !'

' Diolch am hynny. Does ar neb 'u heisio nhw yn y dre' 'ma.'

Pigo, pigo, pigo, meddyliodd Lydia'n ddicllon, gan wthio'r nodwydd yn ffyrnig drwy'r lliain, â'i phen i lawr rhag i'r lleill weld ei theimladau yn ei hwyneb. Roedd hi'n falch nad oedd ei modryb wrth law i glywed y sgwrs.

' Lydia, Lydia !' Roedd Mrs Rowlands wedi gadael y babanod i sgrifennu'n ôl eu gallu ; dechreuodd edrych yn fanwl dros waith gwnïo'r genethod hŷn. ' Mae'r blodyn 'ma'n mynd yn gam i gyd genn't ti ! Datod y pwytha' 'na. Rydw i'n disgwyl gwell petha' genn't ti.'

Does 'na ddim cyfiawnder, meddyliodd Lydia. Pe bawn i'n hogyn, mi faswn i'n cael bod efo Dewyrth Ellis a'r bechgyn yn y stydi, yn siarad Lladin, a chael parch am fy mod i'n gystal sgolor â Morus bob mymryn. Rhwygodd y pwythau cam allan yn filain.

' Arabel,' meddai Modryb Kate, ' dydech chi a Henrietta'n gwneud dim gwaith am eich bod chi'n siarad cymaint. Newidiwch le â Siwsi.'

Daliodd Lydia i fagu ei llid trwy'r pnawn. Fel arfer gallai edrych ymlaen at awr o Ladin gyda'r bechgyn pan fyddai'r genethod a'r babanod wedi mynd adre', ond heddiw bu raid iddi gyflawni rhyw fân orchwylion yn y tŷ, ac fe dorrwyd yr amser i hanner awr. Fyrsil, ei hoff awdur Lladin, oedd y pwnc ; hoffai wrando ar ei hewythr yn ei ddarllen, a dangos ei bod hi'n deall y llinellau'n well na'r bechgyn, ond daeth y wers i ben yn fuan.

Amser swper, ni fedrai ddal ymhellach. ' Mi fedrwn i *ladd* yr hen Arabel a Henrietta 'na !' meddai'n sydyn.

Bu distawrwydd. Edrychodd Modryb Kate yn rhybuddgar i gyfeiriad Huw a Sam, dau o'r plant bach a oedd yn lletya gyda Mrs Rowlands am fod eu cartrefi'n o bell o'r ysgol, ond roedd y ddau, yn ôl eu harfer, yn rhy brysur yn claddu eu bwyd i dalu sylw i'r sgwrs.

' Maen nhw mor fawreddog,' mwmiodd Lydia. ' Siarad byth a hefyd am Lundain a phobol grand a llys y brenin ! Mae'n siŵr 'tasan nhw'n mynd i Lundain y basa' pawb yn gneud hwyl am eu penna' nhw hefyd !'

' Mae gan bawb 'i fai,' meddai Dewyrth Ellis.

' Faint gwell ydyn nhw nag Elin? Mae hitha'n ferch i dwrna', a dydi hi ddim yn brolio fel yna !'

' Mae Elin yn dawel, fel y dylai ledi fod.'

Roedd yr awgrym yma oddi wrth Modryb Kate yn anodd braidd i'w lyncu. ' A heblaw hynny . . .' cychwynnodd. Brathodd ei gwefus. Roedd ar flaen ei thafod i ddweud fel roedd y ddwy'n gwawdio Sentars. Cofiodd mor ofalus oedd ei modryb i gadw pethau fel hyn oddi wrth ei hewythr, a distawodd.

' Lydia,' meddai'i modryb toc, ' wyt ti'n meddwl ein bod ni'n cael gwell bwyd y dyddia' yma ?'

' O ydan.' Mwy o gig : llai o uwd a photes dragwyddol. A mwy o bopeth, er bod y plant bach yn bwyta mor iach.

' I Arabel a Henrietta a'u teuluoedd mae'r diolch am hynny. Dyna pam mae'n rhaid inni ddiodde' rhyw dipyn o siarad mawreddog ganddyn nhw weithia'.'

Tra oedd Modryb Kate yn rhoi'r plant yn eu gwlâu, a Lydia a'i hewythr, wedi clirio'r swper, yn cymysgu inc ac yn trwsio pinnau cwilsynnau ar gyfer y bore, sibrydodd Dewyrth Ellis wrthi :

'Mi wn i'n iawn 'i bod hi'n anodd iti ddiodde' sbeit y genethod 'ma ambell dro, Lydia. Ond mewn gwirionedd, mi ddylet ti dosturio wrthyn nhw. Anwybodus a phlentynnaidd ydyn nhw. A chenfigennus, efallai, am dy fod yn fwy deallus na nhw, ac yn perthyn i deulu bonheddig.'

Dydan ni ddim yn byw fel teulu bonheddig, meddyliodd Lydia. Ond ddywedodd hi ddim.

'Fe wyddost ti pa mor galed y mae dy fodryb yn gweithio, o fore tan nos,' meddai'i hewythr fel pe bai wedi darllen ei meddwl, 'a thithau hefyd o ran hynny. Rydan ni'n dau'n dibynnu ar dy fodryb, wyddost ti. A dydi hi ddim wedi'i magu i wneud gwaith fel hyn . . .'

Ceisiodd Lydia ddychmygu'i modryb yn eneth ifanc yn ei chartref yn Llanfair-is-gaer, yn dawnsio ac yn chwerthin i sŵn y delyn a'r fiol, mewn gŵn o sidan a les, a'i gwallt yn syrthio'n fodrwyau fel gwallt Henrietta ac Arabel. Doedd hynny ddim yn hawdd i'w ddychmygu erbyn hyn.

'Mae ganddi gymaint ar 'i meddwl,' ychwanegodd Ellis Rowlands, 'a phan oedd pethau'n dechrau gwella inni, dyma'r ddeddf ola' 'ma'n dod i greu mwy o bryder.'

Y ddeddf newydd eto ! Beth oedd y ddeddf newydd ? Ond cyn iddi gael cyfle i ofyn, clywsant ei modryb yn dod i lawr y grisiau.

'Rwyt ti'n drysor o hogan inni, Lydi,' meddai'i hewythr, 'fel merch, ac yn well na llawer merch. Paid â chymryd sylw o siarad ffôl y genethod 'ma, na gadael iddyn nhw dy bryfocio di, rhag ofn iti achosi mwy o boen i Modryb Kate. Rŵan, fe ddarllenwn ni dipyn o farddoniaeth Milton gyda'n gilydd.'

III ARCHWILWYR

' "His nuntiis litterisque commotus Caesar duas legiones in citeriore Gallia novas conscripsit".'

' Cyfieitha, Morus.'

' Cesar, wedi ei gyffroi gan y newyddion yma . . .'

' Cyffroi . . . gair da. P'un yw'r gair enwol, Nathan ?'

' Caesar, syr.'

' Purion . . . a'r ferf ?'

' Conscripsit.'

Clywyd curo mawr ar y drws ffrynt.

' Dos i agor, Morus.'

' Mr Rowlands, syr,' meddai Morus ymhen munud neu ddau, ' dau fonheddwr i'ch gweld chi.'

' Tyrd â nhw yma.'

' Ellis Rowlands ?' gofynnodd y talaf o'r ddau.

Rhyfeddodd Morus wrth glywed dyn dieithr yn cyfarch ei athro mor ddiseremoni, heb ddweud ' Meistr ' na ' syr '. Plygodd Mr Rowlands ei ben.

' Swyddogion y gyfraith ydym ni, yn cynrychioli'r Dirprwy-siryf. Mae 'na gŵyn yn eich erbyn eich bod yn cynnal ysgol heb drwydded.'

' Mae'r cyhuddiad yn anghywir. Fy ngwraig sy'n cynnal ysgol i blant bach ac i enethod hŷn.'

Roedd yr ail ddyn, un tywyll a chanddo wyneb main fel ffured a dau lygad gloyw'n troi i bob man, eisoes yn chwilio'r papurau a'r llyfrau ar y bwrdd. Safai'r bechgyn gan ei wylio'n nerfus.

' Rwyt ti'n dysgu'r bechgyn 'ma, yn groes i gyfraith gwlad, a thithau'n Anghydffurfiwr amlwg.'

' Mae'r tri yn feibion i ffrindiau imi ; rydw i'n eu hyfforddi mewn gramadeg Lladin a Saesneg, ynghyd â pheth mathemateg a Groeg, yn ddi-dâl . . . oherwydd fy nghyfeillgarwch â'u rhieni a 'niddordeb yn addysg y bechgyn.'

'Haelioni rhyfeddol !' glaswenodd y swyddog ffuredaidd. 'Gwneud cymwynas â'th gyd-grefyddwyr, efallai ?' Cododd Nathan ei ben yn filain a chochi : roedd o a Thomas yn blant i eglwyswyr, a'i dad yn ŵr parchus a blaenllaw ym mywyd y dref. Sibrydodd y swyddog talaf yng nghlust y llall, ac fe dawodd hwnnw. Ond ailgychwynnodd :

'A ydi'r cwrs addysg yn cynnwys crefydd ?'

'Ar wahân i weddi ar ddechrau ac ar ddiwedd y dydd, darllen yr Ysgrythur yn feunyddiol, ac weithiau gyfieithu'r Salmau o'r Lladin, nac ydi.'

'Gan fod Mr Edwards yn ymddiried ei fab i'ch gofal chi,' meddai'r dyn talaf mewn llais mwy cwrtais, 'rydw i'n credu y gallwn fod yn bur sicr . . .'

'Addysg rad, ie ?' torrodd y llall ar ei draws. 'Rhaid dy fod ti'n ddyn cefnog i allu fforddio rhoi d'amser am ddim.' Edrychodd yn wawdlyd o gylch y stafell ; mewn difrif, golwg go lwm a thlodaidd a oedd ar y lle, ac ar ddillad yr athro. Erbyn hyn, roedd y tri bachgen yn gynddeiriog oherwydd y sarhad cuddiedig arnyn nhw a'u teuluoedd yn yr ymadrodd 'addysg rad' ; doedd eu rhieni ddim yn dlawd o bell ffordd. Ond sylwodd Morus fod Mr Rowlands fel petai wedi cilio iddo'i hun rywsut, a gwawd y swyddog yn syrthio oddi arno heb ei glwyfo.

Disgynnodd trem y swyddog tywyll ar yr unig beth o werth yn y stydi : y silffoedd llyfrau â'u casgliad o glasuron safonol mewn Lladin, Groeg a Saesneg, geiriaduron a gramadegau, llyfrau ar addysg . . .

'Ah !' Dinoethodd y swyddog tywyll ei ddannedd miniog mewn gwên ffuredaidd. 'Comeniws ! Awdur

Piwritanaidd ! Milton hefyd . . . ysgrifennydd Oliver Cromwell . . .'

Yn sydyn, llamodd at ddesg Mr Rowlands a thaflu'r caead yn ôl. Roedd 'na bentwr o bapurau y tu mewn.

' Syr,' meddai Ellis Rowlands, ' does gennych chi mo'r hawl i chwilio'r tŷ heb warant, neu bresenoldeb Ustus Heddwch.'

' Mr White,' protestiodd y swyddog arall, ' dydw i ddim yn meddwl fod angen chwilio na holi ymhellach. Y mae popeth yma'n gwbwl gyfreithlon . . . Madam,' ychwanegodd. Roedd Mrs Rowlands wedi ymddangos yn nrws y stydi.

Doedd hi ddim yn dal, ond dangosai rhywbeth yn ei hosgo ei bod yn ferch y faenor, chwaer Richard Griffith, Llanfair-is-gaer. Tynnodd y ddau swyddog eu hetiau. Edrychodd hithau arnyn nhw'n ymholgar.

' Mae rhywun wedi cwyno fy mod i'n cadw ysgol heb drwydded.'

' Ond rydym ni wedi canfod ein camgymeriad,' meddai'r swyddog talaf yn frysiog, ' gan ddeall, madam, mai *chi* ydi'r ysgolfeistres.'

' Ydech chi'n dymuno gweld yr ysgol, Mr . . . ?'

' Davies. Wela' i ddim angen am hynny, Mrs Rowlands . . .'

' Gallaf eich sicrhau fod addysg grefyddol y genethod a'r plant bach yn gwbwl gyson â dysgeidiaeth Eglwys Loegr.'

' Wrth gwrs, madam.'

' Hwyrach y dowch chi i weld yr ysgol, Mr Davies, gan eich bod yn ymddiddori mewn addysg ?'

' Wel . . . y . . . diolch yn fawr.'

Arweiniodd Mrs Rowlands y ffordd i'r parlwr. Yn y stydi, aeth y bechgyn yn ôl at y bwrdd ac ailafael yn y wers.

Cododd pob pen yn yr ysgol pan aeth yr ymwelwyr i mewn, y ddau'n edrych braidd yn anesmwyth o dan drem chwilfrydig y plant.

'Ewch ymlaen â'ch gwaith, blant,' meddai Mrs Rowlands. 'Mae'r ddau ŵr bonheddig 'ma wedi dod i gael golwg ar eich llyfrau chi . . . a dal sylw pwy sy'n blant da,' ychwanegodd yn ddistawach wrth y plant bach.

Aeth Lydia'n ôl i eistedd ymhlith y genethod hŷn. Roedd hi'n teimlo fod 'na rywbeth o'i le ; eto, roedd ymddygiad y dyn talaf yn foesgar, a'r llall, er gwaethaf ei olwg ladradaidd, yn dilyn yn eithaf tawel wrth ei sodlau. Bu'r ddau am beth amser yn astudio'r ychydig lyfrau crefyddol yn yr ysgol, a gwaith ysgrifennu'r plant ar grefydd—copïau o'r salmau, gweddïau o'r Llyfr Gweddi, a darnau o'r Holwyddoreg. Mynegodd y dyn bychan ei ddiflastod yn fuan iawn, ac agor ei geg y tu ôl i'w law. Am unwaith roedd Henrietta ac Arabel yn ddistaw wrth wylio'r ddau ddyn dieithr.

Oedodd Mr Davies i edmygu teganau bach addysg-iadol y plant lleiaf a'r lluniau ar y wal, lle'r oedd Mr Rowlands, gan ddilyn dysgeidiaeth Comeniws eto, wedi dangos golygfeydd cyfarwydd fel y tŷ, yr ardd, y fferm, yr efail, a siopau'r barbwr a'r cigydd, â geirfa yn Gymraeg ac yn Saesneg. Sylwodd ar y delyn, y liwt a'r map o'r byd.

'Mae gennych chi ysgol hyfryd yma, Mrs Rowlands,' meddai. Unwaith eto, roedd presenoldeb sawl plentyn o deulu parchus eglwysig yn brawf nad oedd 'na ddim yn yr addysg a oedd yn groes i'r gyfraith. 'Gresyn na fuasai mwy o wragedd da a chanddyn nhw gymwysterau tebyg i'ch rhai chi'n ymgymryd â'r gwaith.' Fe wyddai'n iawn yr ystyrid bod swydd athrawes, fel arfer, yn israddol. Ond fe ymgrymodd wrth adael yr ystafell, ac fe wnaeth Mrs Rowlands gwrtsi bach i ffarwelio ag ef.

Daeth Ellis Rowlands o'r stydi i gwrdd â'r ddau. 'Mewn difrif, does a wnelom ni ddim ag addysg merched a phlant bach,' meddai Mr Davies. 'Mae popeth yn drefnus ac fel y dylai fod yn ysgol Mrs Rowlands, a byddwn yn sicrhau'r dirprwy-siryf ein bod ni'n fodlon yn ei chylch . . .'

Torrodd Mr White ar ei draws. 'Ydych chi'n barod i fynd ar eich llw, Rowlands, nad ydych chi'n gyfrifol am yr ysgol, nac yn cymryd rhan yn y gwaith o ddysgu ?'

Petrusodd Ellis Rowlands. 'Na,' meddai'n wylaidd o'r diwedd, 'fyddai hynny ddim yn wir. Rhaid imi gyfadde' wrthoch chi, foneddigion, fy mod i'n cyfrannu at y gwaith.'

'Felly wir!' Agorodd llygaid craff Mr White yn awchus.

'Os hoffech chi edrych ar y papurau yn fy nesg i, fe welwch, mae gen i ofn, fy mod i'n cynorthwyo rhywfaint ar fy ngwraig.'

Rhuthrodd White yn ôl at y ddesg a chydio yn y papurau. Dechreuodd eu troi a'u trosi ac edrych yn gyflym o'r naill bapur i'r llall. Eisteddai'r tri bachgen gan sgrifennu'n ddyfal yn eu llyfrau Lladin. Ni chlywid yr un sŵn ond siffrwd papurau.

'Beth ydi petha' fel hyn ?' gofynnodd White o'r diwedd yn oeraidd.

Aeth Mr Davies at ei ochr a gwenu wrth weld y papurau. 'Patrymau brodwaith, yntê, Mr Rowlands, ar gyfer gwaith gwnïo'r genethod ? Dydw i ddim yn credu fod angen trwydded arnoch chi i wneud patrymau i'r genethod !'

Edrychodd Morus i fyny o'i waith a gweld yr olwg ar wyneb ffured Mr White. Hwyrach fod y dyn bach wedi ei drechu am y tro, ond roedd gan Mr Rowlands elyn newydd go enbyd.

'Roedd arna' i ofn pan welais i'r ddesg yn agored,' meddai Modryb Kate amser cinio.

'Doedd 'na ddim o bwys yno,' meddai Dewyrth Ellis. 'Yn y drôr dirgel y bydda' i'n cadw'r dyddiadur a'r ysgrifau eraill. Ond roeddet ti'n wych yn tynnu'u sylw nhw.'

IV ‘YN GROES I DDEDDFAU GWLAD’

Ar ôl hyn cafwyd heddwch am rai wythnosau. Ysgafnhaodd yr awyrgylch yn yr ysgol, ac wedi iddyn nhw glywed cymeradwyaeth Mr Davies, bu Arabel a Henrietta'n llai sbeitlyd.

Fe wyddai Lydia fod ei hewythr yn cynnal cyrddau yn yr ardal bob Sul ac weithiau yn ystod yr wythnos, a bod y ffyddloniaid yn eu dilyn o Lanbeblig, Llanwnda a Llanddeiniolen yn ogystal â'r dref, ond ni wyddai fel arfer ymhle y byddai'r cwrdd, na 'chwaith enwau'r addolwyr, ar wahân i ddyrnaid o bobl Caernarfon. Ni fyddai Modryb Kate yn mynd gyda'i gŵr i'r cyfarfodydd, ac ychydig o sgwrs a fyddai yn eu cylch, ond casglodd Lydia mai dynion, y penteuluoedd, a fyddai'n eu mynychu'r rhan amlaf, ac yn rhoi hanes o'r hyn a ddywedasai'r pregethwr wrth eu gwragedd a'u plant ar ôl mynd adref.

Bob nos arferai Ellis Rowlands weddïo gyda'i deulu ei hun. Yn aml iawn fe fyddai Mrs Llwyd eu cymdoges a Morus a'i chwaer Nan yn dod atyn nhw i weddïo a gwrando, ac weithiau'r hen Mrs Barker a'i merch Mary, eu cymdogion ar draws y ffordd. Fel arfer fe fyddai Dewyrth Ellis yn darllen ac yn esbonio rhan o'r Ysgrythur ac yna'n gweddïo. O flaen cwrdd, arferai bregethu hefyd, a gofyn i Lydia a Morus wrando'n astud a sgrifennu pennau'r bregeth i lawr y diwrnod wedyn.

I ddechrau roedd hyn yn faich ar y plant. Ond roedd Dewyrth Ellis yn gofalu pregethu'n fyr a thynnu pennau'n eglur, trwy straeon a darluniau cartrefol byw, a doedd o ddim yn orchwyl mor fawr â hynny i roi crynodeb o'r anerchiad. Daeth y dasg yn rhwyddach wedi i'r ddau ddeall eu bod yn ei helpu fel hyn yn ei waith fel pregethwr.

' Lydia, roedd 'na dri llwybr i'r nefoedd yn y bregeth. Beth oedd yr ail ? Dwyt ti ddim yn cofio ?'

' Nac ydw, f'ewyrth.'

' Morus . . . wyt ti'n cofio ?'

' Doeddwn i ddim yn dallt y rhan yna'n iawn, syr.'

' Wel, os nad oeddech chi, blant call, yn deall, fydd y gwrandawyr yn Llanddeiniolen ddim yn deall 'chwaith. Mae'n rhaid imi fynd ati ac adolygu tipyn ar y rhan yna o'r bregeth.'

Neu : ' Lydia, rwyt ti wedi cofio'r stori am yr hen wraig a'r mul yn dda. Ond beth ydi pwrpas y stori ? Beth ydi'r wers ynddi ?'

' Wn i ddim, f'ewyrth.'

' Twt, Lydia, doeddet ti ddim yn gwrando. Swydd Cristion iawn ydi gwrando a deall. Morus, be' oedd pwrpas y stori ?'

' Roedd yr hen wraig, syr, yn gweld bai ar yr asyn, ond roedd hi mor ddwl ag ynta'.'

Er syndod braidd i'r ddau, dyma Dewyrth Ellis yn chwerthin. ' Wel, ie, 'ngwas i : hawdd ydi i rywun weld bai ar rywun arall a pheidio â sylweddoli'i wendid 'i hun. Dyma fi'n gweld bai ar Lydia druan, a hitha' wedi blino ar ddiwedd diwrnod caled, yn lle gweld bai arnaf 'hun am beidio â thraethu'r neges yn blaen. Hwyrach y bydd rhai o'r gwrandawyr yn Llanwnda, hefyd, yn gysglyd ar ôl diwrnod o waith.'

Un noson, ar ganol y ddyletswydd deuluaidd, pan oedd Mrs Llwyd, Nan a Morus, a'r hen Mrs Barker a'i merch, gyda nhw ar yr aelwyd, dyma guro mawr ar y drws ffrynt. Aeth rhyw ias trwy'r addolwyr.

' Dos i weld pwy sydd 'na, Lydia,' sibrydodd ei modryb.

Agorodd Lydia'r drws, a gwthiodd dau ddyn heibio

iddi i'r parlwr. Â'i chalon yn ei sgidiau, adnabu Lydia'r blaenaf ohonyn nhw fel Mr White, â'i drwyn main yn synhwyro am ysglyfaeth. Dyn dieithr oedd y llall, dyn gwritgoch, braidd yn dew.

Cerddodd White yn ddiseremoni i mewn at y cwmni bach o gyfeillion. Cododd ei law. 'Rydwyf yn eich cyhuddo o gynnal confentigl yn groes i ddeddfau gwlad. Ac mae Mr Edwards, Ynad Heddwch, yn bresennol i dystiolaethu yn dy erbyn di, Ellis Rowlands, ac yn erbyn pob un o'r gwrandawyr !'

Oedodd i fwynhau effaith ei eiriau. Trodd Mrs Barker druan yn welw, a swatiodd Nan yn agosach at ei mam.

'Rydych chi'n torri ar draws ein dyletswydd deuluaidd, syr,' meddai Ellis Rowlands yn dawel. 'Rydym ni'n tynnu at y terfyn . . . os hoffech chi aros ac ymuno â ni yn ein gweddïau, y mae ichi groeso.'

Plygodd Mr Edwards, Y.H., ei ben ac eistedd y tu cefn i'r ystafell. Edrychodd Mr White yn sarrug arno, a chan fwmian rhywbeth o dan ei wynt, cerddodd allan a chau'r drws â chlep ar ei ôl.

Ailgydiodd Mr Rowlands yn ei weddi ar unwaith, a hynny mor ddigyffro nes i'r merched nerfus anghofio peth o'u pryder. Cyfeiriodd at y darlleniad o Ioan XIV, 'Na thralloder eich calon', ac erfyn am hedd y Cristion. Eisteddai Mr Edwards yn berffaith lonydd, heb wneud dim i amharu ar y tawelwch a oedd wedi disgyn ar y cwmni. Nid anghofiodd Lydia na Morus byth mo'r weddi honno.

Ar y diwedd, aeth Ellis Rowlands at y drws a gwahodd Mr White yn ôl atynt, ond wrth yr Ustus Heddwch y dywedodd :

'Rydw i'n siŵr eich bod chi wedi sylweddoli, eich teilyngdod, nad yw'r cwrdd hwn yn gonfentigl.'

'Dyletswydd deuluaidd, Rowlands !' gwawdiodd Mr

White. ‘ Mae’ch teulu chi wedi chwyddo’n sydyn iawn. Gŵr a gwraig ydi’r teulu. Mae yma wyth person. Yn ôl Deddf y Confentiglau, 1670, mae cyfarfod ac ynddo bump o bobl yn ychwanegol at y teulu yn gonfentigl, sef cyfarfod anghyfreithlon sy’n peryglu heddwch y deyrnas.’

‘ Nid yw’ch cyfrif chi’n gywir, syr,’ atebodd Ellis Rowlands. ‘ Plant ydi Morus a Lydia, tair ar ddeg a deuddeg oed. Nid yw’r ddeddf yn cynnwys neb o dan un ar bymtheg.’

Gwgodd White arno. ‘ Mae’r bachgen yn fawr iawn am ei oed.’

‘ Tair ar ddeg mis Ionawr dwytha’,’ meddai Mrs Llwyd yn bendant, ‘ ac yn gry’ ac yn iach, a diolch i’r Arglwydd am hynny. Gofynnwch i Feistres William y fydwraig os nad ydach chi’n fy nghredu. Ac mae’i fedydd o wedi’i gofrestru yn eglwys Llanbeblig.’

‘ Siŵr iawn wir, Meistres Llwyd !’ meddai Mrs Barker, wedi ennill hyder erbyn hyn. ‘ Rydw inna’n cofio’n dda am ddydd ’i eni o, ac mae Mary ’ma’n cofio. Dim ond un ar bymtheg ydi Nan, ’te ?’

‘ A heblaw hynny,’ ychwanegodd Ellis Rowlands, ‘ mae Lydia ’ma’n un o’r teulu. Nith y wraig yw hi : ni sydd wedi ei magu hi er pan oedd hi’n fechan bach. Gwragedd gweddwon ydi Mrs Barker a Mrs Llwyd, ac maen nhw’n ymuno â ni’n aml yn ein dyletswydd deuluaidd gyda’u merched a’r bachgen.’

‘ Wel wir, Mr White,’ meddai’r ustus, ‘ chreda’ i ddim fod y dyrnaid ’ma o wragedd a phlant yn debyg o beryglu’n Harglwydd y Brenin na heddwch ei deyrnas. A chlywais i ddim yn derfysglyd nac yn fradwrus yn eich gweddi, Mr Rowlands, ond i’r gwrthwyneb.’

Cnodd White ei wefus ; agorodd ei enau fel pe bai ar fin dweud rhywbeth miniog, ond edrychodd ym myw llygad yr ustus, a mynd allan o'r stafell heb ddweud dim, nac edrych ar ei ôl. Gadawodd y drws ffrynt ar agor, nes i wynt oer chwythu drwy'r tŷ.

Cynigiodd yr ynad ei law. 'Nos dawch.'

 pheth syndod, ysgydwodd Ellis Rowlands law ag o. 'Nos dawch, eich teilyngdod.' Aeth Mrs Rowlands i'w hebrwng at ddrws y stryd.

'Mrs Rowlands,' meddai'r ynad yn ddistaw, 'mae gennych chi a'ch teulu enw da yn y dre' 'ma. A ddweda' i ddim nad oes 'na rinweddau'n perthyn i'ch gŵr. Ond mae ganddo elynion go enbyd, yma a'r tu allan i'r dre', ac fe ddylai fod yn ofalus . . . yn ofalus iawn.'

'Modryb Kate,' gofynnodd Lydia, 'petasai'r cwrdd wedi bod yn gonfentigl o ddifri', be' fasai'r gosb ?'

'I'r gweinidog, dirwy o ugain punt. I bawb arall, pum swllt.'

'Ugain punt !' meddai Lydia mewn dychryn. 'Ond mae hynny'n arian mawr !'

'Ydi. Mae llawer athro'n gwneud blwyddyn o waith am lai na hanner hynny.'

'Mae hynna'n ofnadwy.' Pendronodd Lydia. 'Oes gynnon ni gymaint â hynna o arian yn y byd ?'

'Nac oes. Mae'r ysgol yn dechra' talu'i ffordd rŵan, ond mae'r elw bron i gyd yn mynd at ein cynhaliaeth ni.'

'Felly . . . mi fyddai'n rhaid i Dewyrth Ellis fynd i'r carchar ?'

'Na fyddai . . . er mai dyna oedd y gyfraith hyd yn ddiweddar. Cymryd ein heiddo ni a wnaen nhw.'

'Y dodrefn a'r llestri . . . llyfrau Dewyrth Ellis ?' Stoc brin yr ysgol, y teganau a oedd wedi eu llunio mor ofalus gan ei hewythr.

'Mi fasai'n ddiwedd ar yr ysgol,' meddai'i modryb,

gan ddarllen ei meddwl. ‘ Ac mae’n amheus gen i a fyddai’r hyn oll sydd gennym yn ddigon i dalu’r ddirwy. Os felly, fe fyddai’r gyfraith yn gorfodi rhywun go gefnog yn y gynulleidfa i dalu’r gweddill o’r ddirwy yn ein lle.’

‘ Rhywun fel . . . fel mam Morus ?’

‘ Hwyrach . . . er nad ydi hithau’n gyfoethog o bell ffordd, a chanddi ddau blentyn i ofalu amdanyn nhw.’

Eisteddai Lydia’n fud, wedi’i syfrdanu gan fryntni’r gosb.

‘ Rwyt ti’n gweld, Lydia bach, mor fawr yw’r perygl. Ac mae gan yr ysbïwr sy’n achwyn ar yr Ymneilltuwyr hawl i draean o’r ddirwy !’

‘ Mae hynny’n swm go fawr hefyd. Deudwch fod ’na gynulleidfa o ugain . . . dyna wyth bunt am ’u bradychu nhw !’

‘ Mwy pe byddai’r cyfarfod mewn tŷ, gan fod perchennog y tŷ’n gorfod talu ugain punt o ddirwy hefyd.’

‘ Bron i bymtheg punt felly !’

‘ Ie,’ meddai Modryb Catherine, ‘ mae’n talu’n dda i fod yn ysbïwr.’

Roedd bron yn dywyll, a golau’r gannwyll yn rhy wan i chwalu’r cysgodion yn y gegin. Tybed, meddyliodd Lydia, a oedd yna rywun yn nhref Caernarfon a fyddai’n ddigon drwg i fradychu’r teulu am arian fel yna ?

V YMWELWYR O GLYNNOG

'Sut mae'r plant bach yn dod ymlaen efo'u darllen ?' gofynnodd Dewyrth Ellis wrth y bwrdd cinio. Roedd yn ddiwrnod ffair, a'r teulu'n oedi uwch eu pryd bwyd.

'Dwi'n falch o ddeud fod Huw a Sam wedi dod i ddarllen yn ddel iawn,' meddai Modryb Kate, gan wenu ar y ddau letywr. 'Fe gewch 'u clywed nhw toc.' Roedd y ddau'n llawenychu yn eu gallu newydd ac yn darllen ar bob cyfle.

Wedi i'w gŵr ddweud gras a gollwng y plant bach allan i chwarae, ailgydiodd yn y sgwrs : 'Go araf ydi'r tri bach newydd i adnabod y llythrennau, ond mi ddôn cyn bo hir. Mae Lydia'n amyneddgar iawn efo nhw.'

'Does dim gwaeth na'r plant bach 'ma'n cyrraedd yr ysgol ramadeg heb fod yn medru darllen, a'r athrawon heb yr amser i'w dysgu,' meddai Dewyrth Ellis.

'Gresyn na fasa' 'na ysgol ramadeg yn y dre' 'ma, yntê ?' meddai Lydia. ''Run yn nes na Bangor, neu Fiwmares.'

Ochneidiodd Dewyrth Ellis. 'Does 'na fawr o gariad at addysg yng Nghaernarfon ar hyn o bryd. Roedd 'na ysgol rad i'r tlodion ar un adeg, wyddost ti ; ond fe ddiflannodd ar adferiad y frenhiniaeth fel llawer peth arall.'

'Pam ydan ni'n byw yn yr hen dre' 'ma ?' Mynegodd Lydia ei chŵyn gyfarwydd. 'Sut na fasech chi wedi aros yn Nyffryn Clwyd, lle'r oedd pobol yn parchu addysg ?' Roedd hyn yn hoff bwnc gan Dewyrth Ellis; soniai'n aml am ei ddyddiau fel rheithor Llanelidan, ac am ei gyfeillion hyddysg yn ardal Rhuthun. 'Mae 'na bobol glên yng Nghlynnog hefyd : cleniach nag yma.'

Nid atebodd neb am funud.

' Ond mae gan d'ewyrth elynion yn y ddau le, yn ogystal â ffrindia',' meddai Modryb Kate yn brudd. ' Ac rwyt ti'n gweld, Lydia, o dan y Ddeddf Bum Milltir châi o ddim byw mewn ardal lle bu'n weinidog gynt.'

' Rhag ofn iddo ddal ati i ddysgu'i braidd yn 'i hen eglwys, wyt ti'n gweld ?' eglurodd ei hewythr.

' A fedrai neb wneud bywoliaeth trwy gynnal ysgol ond mewn tref fel hyn. Felly mae'n rhaid inni fodloni ar fyw yng Nghaernarfon,' gorffennodd ei modryb yn bendant. Newidiodd y sgwrs a dweud mewn llais siriol : ' Mae'r genethod hŷn i gyd yn sgrifennu'n ddel iawn rŵan—Siwsi'n arbennig.'

' Geneth fach ddymunol ydi honna,' meddai Ellis Rowlands, ' a gwên annwyl ganddi bob amser. Yn Ysgol Rhuthun,' ychwanegodd â'r hen dinc hiraethus yn ei lais, ' fe fydden nhw'n rhoi pin arian yn wobr i'r sgolor a chanddo'r llawysgrifen orau.'

'Ac un barod 'i chymwynas ydi Siwsi bob amser, ac yn cyrraedd yr ysgol yn gynnar yn y bore i helpu darparu ar gyfer gwaith y dydd . . .'

Cnociodd rhywun ar y drws ffrynt.

Aeth Modryb Kate allan â gwedd go bryderus, ond clywsant ei chri o lawenydd wrth y drws :

' Grace Ffransis ! Dowch i mewn, Grace ! Sut ydech chi ers tro ?'

A dyma Grace Ffransis yn ymddangos yn wên i gyd â'i bochau cochion fel afalau, a basged fawr â'i llond o nwyddau ar ei braich. Un o hen ffrindiau Clynnog oedd hi. Er ei bod hi'n briod, ' Grace Ffransis ' y byddai pawb yn ei galw o hyd, ar ôl ei thad Ffransis. Anaml y byddai hi'n mentro'r daith ddeng milltir o Glynnog ar ei chaseg fach lwyd, ond weithiau, ar ddiwrnod ffair fel hyn, byddai'n galw heibio ac yn cael croeso mawr gan Mr a Mrs Rowlands.

'Wel, wel, dyma bleser ! Rydach chi'n edrych yn dda, Grace !'

'A chitha', Mr Rowlands, syr. A sut wyt ti, Lydia, 'nghariad i ? Mae hi'n mynd yn debyg i chi, Mrs Rowlands !'

Gwenodd Modryb Kate. 'Fel yr oeddwn i, ella. Rydan ni'n falch iawn ohoni. 'Steddwch, Grace: mi gewch chi dama'd o ginio mewn dau funud.'

Protestiodd Grace nad oedd hi ddim am aros, ond yn fuan iawn roedd hi'n eistedd yn gyffyrddus wrth y tân ac yn ymollwng yn braf i hel straeon. Wedi adrodd tipyn o hanes hwn a'r llall yng Nghlynnog, meddai :

'Fu petha' byth 'run fath yn y plwy' wedi i chi fynd odd' acw, Mr Rowlands, naddo wir ! Mae Ben Lloyd yn fistar corn ar y ficer. Am fod 'i nain o'n chwaer i esgob, mae o'n meddwl fod ganddo fo hawl i fod yn Bab arnon ni i gyd ! Ac mae Dafydd Ifans yn bur amharchus o'r ficer presennol hefyd.'

'Dyn brwnt iawn, gwyllt 'i dymer,' murmurodd Modryb Kate. 'Dowch i fwyta, Grace.'

'Mae gen i rywbeth ichi,' meddai Ellis Rowlands. 'Fe ddaeth parsel arall o lyfrau'n ddiweddar oddi wrth Mr Henry, ac rydw i'n credu mai peth buddiol fyddai rhoi un i chi, ac anfon un arall i Morgan ab William Probert, gan fod gennych chi deuluoedd eich dau, a'r modd i daenu'r genadwri yn eu plith er lles yr ardal gyfan. Fel y gwyddoch chi, mae'r llyfr i gael ei roi ar fenthyg i rywun sy'n dymuno ei ddarllen.'

'Siŵr iawn, Mr Rowlands. Mae'r plant acw wedi dysgu darllen i gyd, a phlant bach Jonet, yr hyna', yn dŵad yn ddigon hen i wrando. Diolch yn fawr i chi.

Hoffech chi imi fynd â'r llall i Morgan ? Fydd o'n drafferth yn y byd. Mi fydd ynta'n falch o'i dderbyn.'

Aeth Dewyrth Ellis i'w stydi i nôl y ddau lyfr.

' Mi fydda' i'n meddwl yn amal am 'y Meibl Bach,' meddai Grace Ffransis. ' Wyddoch chi na chefais i byth mo'no fo'n ôl gan Ddafydd Ifans, wedi iddo fo 'i gythru o odd' arna' i y diwrnod y cafodd Mr Rowlands 'i gloi allan o eglwys Clynnog ?'

Gwelodd Lydia'n syllu arni mewn syfrdandod. ' Chlywwaist ti mo'r hanes ? Naddo ella . . . ryw flwydd oed oeddat ti ar y pryd.' Eisteddodd Grace Ffransis yn fwy cyffyrddus yn ei sedd, wrth ei bodd o gael cyfle i adrodd ei stori. ' Wedi i'r brenin ddŵad yn ôl i deyrnasu, ac i Mr Rowlands gael 'i dynnu i lawr o bulpud yr eglwys . . .'

' 'I dynnu i lawr o'r pulpud !' ebychodd Lydia.

'. . . Ac i Esgob Bangor benodi un arall yn 'i le . . . Mr Jones oedd hwnnw, ychi . . . mi aeth Mr Rowlands yn ôl i Eglwys Clynnog ar fore Sul, ar dri Sul ym mis Rhagfyr, a chael y drws wedi ei gloi yn 'i erbyn o bob tro !'

' Ddaru 'ni erioed sôn am hyn wrth Lydia, wyddoch chi,' meddai Modryb Kate. Ond doedd 'na ddim dal ar Grace Ffransis.

' A'r tro olaf, dyma Ben Lloyd a Dafydd Ifans yn ei rwystro fo rhag mynd i mewn i'r eglwys. a'i wthio fo, a'i hyrddio o'r naill ochor i'r porth i'r llall. Anghofia'i byth mo'no fo,' meddai Grace yn ddramatig, ' a Ben Lloyd yn cydio yn dy ewyrth gerfydd 'i wddf, ac yn tynnu'i gôt o i lawr 'i gefn !'

Teimlai Lydia'n sâl gan sioc. Cofiodd drachefn yr ergyd pan neidiodd y ddau fwli i'w phen a'i thaflu yn erbyn mur y dref. Sut y gallai gwŷr mewn oed fod wedi ymddwyn fel hyn tuag at ddyn fel ei hewythr ? Gwelodd fod ei modryb wedi gwelwi.

' A dyma Dafydd Ifans yn cipio fy Meibl i o'm llaw i

. . . roedd o fel dyn lloerig . . . a deud : "Mi fynnwn i weld llosgi'r holl feibls heb y Common Prayers ynddynt ! Mi gawn ni weld 'u llosgi nhw i gyd !" '

' Sôn am losgi'r Beibl . . . yn yr eglwys ?'

' Ym *mhorth* yr eglwys,' cywirodd Grace. ' O, dyn beiddgar, rhyfygus iawn ydi'r hen Ddafydd.'

' Wyt ti'n gweld, Lydia,' eglurodd ei modryb yn dawel, ' cyn y Rhyfel, roedd y Beibl yn yr eglwysi'n cael ei rwymo ynghyd â'r Llyfr Gweddi. Ond pan oedd Dewyrth Ellis yn dechrau ar ei weinidogaeth yn ddyn ifanc, roedd hi yn erbyn y gyfraith i ddefnyddio'r Llyfr Gweddi. Ac felly y bu hi am lawer blwyddyn dan lywodraeth Cromwell. Ond wedi dychwelyd y brenin, fe ddaeth yn anghyfreithlon i *beidio* â defnyddio'r Llyfr Gweddi ! Dweud roedd Dafydd Ifans fod d'ewyrth yn mynd yn groes i gyfraith gwlad.'

' Wel, wel, hen stori ydi hynna i gyd bellach,' meddai Ellis Rowlands. Edrychodd Grace yn euog braidd wrth weld ei fod wedi dychwelyd â'r ddau lyfr. ' Hwyrach na ddylen ni ddim drysu penna'r plant efo'r hen gwerylon 'ma.'

' Mi ddyla'r ifanc wybod rhywbeth am yr erlid sydd wedi bod arnoch chi a dynion da eraill,' meddai Grace yn ystyfnig. ' Deud roeddwn i na chefais i byth mo 'Meibl Bach yn ôl gan Ddafydd Ifans. Mi gostiodd bum swllt imi, wyddoch chi, pan oedd pum swllt yn prynu llawer mwy nag y mae o heddiw. Hwyrach 'i fod o wedi'i losgi o ddifri', y gwalch digywilydd, amharchus !'

' Dyddia' drwg oedd y rheiny, a llawer o bobol yn deud ac yn gwneud pethau annoeth iawn.'

' Na,' meddai Grace ag ochenaid, ' fu 'na ddim trefn yng Nghlynnog byth ers hynny. Ond dydan ni ddim wedi anghofio'r hyn ddysgasom ni gynnoch chi, Mr Rowlands. Roeddan ni wedi bod heb ficer ers chwe blynedd cyn i chi ddŵad aton ni, a dyma ni'n deffro'n sydyn i wirionedd y Gair, a diolch amdano fo.'

'Os oes 'na ddim ond dau neu dri wedi dysgu i ystyried a pharchu'r Beibl yn well—ie, neu'r Llyfr Gweddi o ran hynny—am fy mod i wedi gweinidogaethu yng Nghlynnog, fu'r ymdrech ddim yn ofer. Ond loes imi ydi meddwl fod cannoedd o bobol i fyny ac i lawr ein gwlad ni'n byw ac yn marw heb 'nabod Duw, a llaweroedd yn mynd i'r eglwys i ddim ond i weinyddu a gwarchod cyfraith gwlad.'

'Mae 'na rai ohonon ni'n dal yn ffyddlon yng Nghlynnog . . . er gwaetha'r ysbïwyr.'

'Ysbïwyr yng Nghlynnog !' meddai Mrs Rowlands.

'Byddwch siŵr—gweision cyflog Ben Lloyd a Dafydd Ifans. Mi fentran nhw'n rhy bell un o'r dyddia' 'ma, a dymuno 'u bod nhw wedi aros gartra' ! Mi fydd Morgan ac er'ill yn rhoi croeso go boeth iddyn nhw !'

Ac â'r awgrym tywyll yma, terfynodd y sgwrs am Glynnog.

Ond cyn nos galwodd un arall o gyfeillion Clynnog heibio, tyddynnwr ifanc o'r enw William Pugh a'i fab bach Robin, ffefryn mawr gyda'r teulu. Roedd Morus wedi dod i ddarllen gyda Mr Rowlands a Lydia ; a thra oedd hi'n difyrru'r bychan, gwrandawodd Morus ar y sgwrs rhwng ei feistr a'r ymwelydd.

'Dywed imi, William,' meddai Ellis Rowlands toc, 'faint sy'n dal yn ffyddlon yn yr ardal bellach ?'

Edrychodd William yn amheus i gyfeiriad Morus.

'O, mae Morus yn un ohonon ni, ac yn driw fel dur.'

Meddyliodd William Pugh yn ddyfal, gan gyfrif ar ei fysedd. 'O bobol selog mewn oed, syr . . . rhyw naw. Ond pe baech chi'n cyfrif yr aelodau ifainc o dan ugain oed, ac mae 'na rai da yn 'u plith nhw, mae 'na . . .' cyfrifodd drachefn '. . . bedwar ar ddeg.'

Gwelodd fod ei ateb wedi siomi Mr Rowlands. ' Ond cofiwch, syr, ein bod ni wedi dal ein tir ar ôl yn agos i ddeuddeng mlynedd o erlid, a heb weinidog. Ac mae 'na do ifanc yn codi.'

' Mae hynny'n wir. Beth am yr achos yn Eifionydd ?'

' Rhywbeth yn debyg, syr, yn ôl pob hanes—ychydig o aelodau, ond y rheiny'n gadarn yn y ffydd. Maen nhw'n selog iawn yn Llŷn, meddan nhw—yn neilltuol felly tua Phwllheli.'

' Ac yn dal mewn cysylltiad â'i gilydd trwy'r cwbwl ?'

' O ydyn. Dyna chi Morgan Probert—mi ŵyr o hanes yr achos a rhif yr aelodau ym mhob plwy' o Wyrfai i ben Llŷn. Mae o'n cwrdd â rhai o'r saint o Bwllheli'n lled amal. Mi fedra' fo roi'r union gyfri' ichi.'

' Mi hoffwn i gael sgwrs â Morgan.'

' Anamal y bydd o'n dŵad i'r dre'. Ond mi ddeuda' i eich bod chi'n holi, syr, am rif yr aelodau.'

Ychydig a feddyliodd neb beth fyddai canlyniadau'r sgwrs ddiniwed hon.

Un noson o wanwyn braf, gadawodd Ellis Rowlands ffenestri'r parlwr yn agored led y pen tra oedd o'n cynnal y ddyletswydd deuluaidd gyda'r nos. Ar bob ochr i'r stryd roedd ffenestri'r tai eraill ar agor hefyd, er mwyn i'r trigolion allu mwynhau'r heulwen a'r awyr iach. Pan ddechreuodd Dewyrth Ellis ddarllen rhan o'r Ysgrythur, dyma'i lais cyfoethog, a arferai dreiddio i gorneli pella' eglwys fawr Clynnog, yn llenwi'r stafell ac yn gorlifo'n ddiymdrech i'r stryd.

Clec ! Neidiodd pawb. Robert Huw, ar draws y ffordd a oedd wedi cau ei ffenestr yn bur sydyn. Roedd o'n casáu Ymneilltuwyr ac yn dangos ei gasineb bob amser. Ond fel yr aeth yr oedfa ymlaen—y weddi, canu salm yng nghyfieithiad Edmwnd Prys, a'r anerchiad byr—roedd ffenestri'r tai eraill yn aros yn agored.

Y bore wedyn, aeth Lydia allan i nôl siwrnai o ddŵr cyn mynd i'r ysgol, a gweld sawl un o ferched y stryd wrth y ffynnon.

'Mi gefais i gysur wrth wrando ar Mr Rowlands yn gweddïo neithiwr,' sibrydodd y Weddw William. 'Mi sefais i wrth y ffenest ac mi glywais i bob gair.'

'Peth go ddiarth i ni ydi clywed egluro'r Ysgrythur fel 'na,' cytunodd Meistres Jones. 'Mae d'ewyrth yn siarad yn deimladwy, wsti, ac yn hawdd i'w ddilyn . . . mi all rhywun fel fi 'i ddallt o.' Gostegodd ei llais. 'Piti garw na fasa' fo'n cael pregethu yng Nghapel Mair weithia'.'

'Mae ficer Llanbeblig yn ddyn clyfar,' ychwanegodd y Weddw William. 'Wel, mae rheswm yn deud, a fynta'n M.A. Ond fedra' i mo'i ddallt o'n darllen . . . ' Sylwodd fod dwy wraig wrth ymyl yn edrych arni'n bur drwynsur. 'Ifanc ydi o,' meddai'n frysiog ; 'mi ddysgith toc.'

'Braf ydi clywed gair Duw ar noson o wanwyn,' meddai Mary Barker, yn ei llais tawel.

Byddai Lydia wrth ei bodd pe gallai oedi i glywed ei hewythr yn cael ei ganmol. Ond roedd bron yn amser i gloch fawr y dref ganu, ac i'r ysgol ddechrau am wyth yn y bore. Aeth adref ar frys, rhag ofn i Henrietta ac Arabel ei gweld hi'n cario bwcedi.

Ar ôl hyn fe ddaeth yn arferiad i adael dwy ffenest y parlwr yn agored ar noson gynnes. Cedwid ffenestri a drysau cyfagos ar agor hefyd, ac, er gwaethaf gwrthwynebiad Robert Huws, fe dyfodd rhyw deimlad o gymundeb yn y stryd.

Ond yn fuan iawn bu terfyn ar y tawelwch.

VI CWYMP Y CASTELL

Roedd 'na dipyn o gyffro'r Sul hwnnw, gan fod cwrdd gyda'r nos i gael ei gynnal yn nhŷ Ellis Rowlands. Darparwyd stafell yn y llofft ar ei gyfer, gan fod grisiau cefn yn arwain oddi wrthi i'r ardd y tu ôl i'r tŷ, ac oddi yno hawdd fyddai i'r ffyddloniaid ddiflannu i'r coed a'r caeau y tu draw i'r berllan, er mwyn dianc i'r wlad neu guddio hyd nes y byddai'n ddiogel i ddychwelyd i'r dref.

'Mae'n rhaid inni baratoi cynllun,' meddai Dewyrth Ellis. 'Lydia, mi gei di wylio o ffenest y parlwr tra bydd y cwrdd yn mynd ymlaen, a thithau, Morus, os wyt ti'n fodlon . . .'

'Ydw, syr,' meddai Morus yn eiddgar. 'Mi wna' i unrhyw beth.'

'Fedri ditha' wylio cefn y tŷ, ac os gweli di bobol ddiarth yn agosáu, gwna rywbeth i dynnu eu sylw neu'u cadw draw hyd nes y bydd y ffyddloniaid wedi cael cyfle i ddengid ?'

Ystyriodd Morus hyn am funud. 'Medraf, syr.'

'Be' wna' i os gwela' i rywun yn dŵad, f'ewyrth ?'

'Rhoi larwm, wrth gwrs.'

Edrychai Modryb Kate yn bryderus. 'Ydi hi'n ddoeth rhoi cymaint o gyfrifoldeb i'r plant ?'

'Pam lai ? Maen nhw'n blant call, on'd ydych ?'

'Morus,' meddai Modryb Kate yn daer, 'cymer ofal. Paid â mentro gormod.'

Aeth Morus allan i edrych dros y tir, a meddwl am gynllun. Er bod Modryb Kate i'w gweld yn teimlo'r straen o weithio yn erbyn yr awdurdodau, roedd yr antur yn wefr ac yn gyffro i Morus a Lydia, ac roedd

Dewyrth Ellis fel pe bai wedi ei adnewyddu gan ei ymryson â gormeswyr y ffydd.

Gyda'r nos, dechreuodd yr aelodau gyrraedd fesul un a dau, rhai yn sleifio i mewn trwy'r drws ffrynt, ond y mwyafrif trwy'r cefn . . . naw o ddynion a rhyw bedair neu bump o ferched. Roedd yn noson ddwl o law mân, a'r ardal yn ddistaw.

Toc, diflannodd y bobol mewn oed i gyd i'r llofft, ac fe adawyd Lydia i wylio i lawr grisiau, heb neb yn gwmni iddi ond Sam, un o'r ddau letywr bach ; roedd Huw, ei gymar, wedi mynd adref i fwrw'r Sul. Fe ddylai Sam fod yn ei wely, ond gan ei bod yn nos Sul, ac yn olau o hyd, roedd o'n gyndyn i fynd ac yn falch o gael Lydia i'w ddifyrru am ryw hanner awr arall.

Roedd gan Lydia bethau eraill ar ei meddwl. Brysiodd i'r gegin, a Sam wrth ei sodlau. Siarsiodd arno i fod mor dawel â llygoden fach, rhag iddo aflonyddu ar y gynulleidfa i fyny'r grisiau.

' Rydan ni am wneud castell,' sibrydodd wrtho. Ag anhawster, ac yn ofalus iawn, rhag cadw sŵn, gosododd grochan haearn ar ymyl y bwrdd. Arno dododd radell a phedair padell gopr, y naill un ar ben y llall, a'r fwya' yn y gwaelod. Syllodd Sam mewn rhyfeddod wrth weld y tŵr yn codi mor sydyn. Gweithiodd Lydia'n gyflym ac yn ddistaw : fe fyddai sŵn yn rhy fuan yn difetha'r cynllun i gyd. Roedd ei nerfau'n dynn a disgwyliai bob eiliad am gnoc ar y drws. Gwasgai'i thafod rhwng ei gwefusau wrth ddodi'r naill ddarn o fetel i orffwys ar y llall. Ar ben y padelli gosododd bentwr o blatiau piwtar, a phedair cwpan biwtar yn dyrau i'r castell.

' Dyna dda !' meddai Sam.

Ond doedd Lydia ddim wedi gorffen. Yng nghanol y tyrau dyma hi'n rhoi cloch fach yr ysgol, ac, yn olaf oll, ddau gerflun bychan o ŵr a gwraig, delwau pren ar gyfer moldio teisennau sinsir. Roedd y rhain, a elwid yn Siôn a Siân ganddynt, yn ffefrynnau gan Sam, ac yn wir gan Lydia.

'Mi rown ni Siôn a Siân i wylio'r tŵr!' sibrydodd Lydia. 'Na, paid ti â chyffwrdd â'r castell am dy fywyd, Sam bach, rhag ofn iddo fo syrthio!' Dododd Siôn a Siân yn erbyn y tyrau.

'Sentris!' sibrydodd Sam yn orfoleddus, er mai golwg go feddw oedd ar y pâr.

Roedd y castell wedi ei orffen ar frys, gan fod Lydia wedi'i rhoi ar wyliadwriaeth, a'i safle yn ffenest y parlwr yn wag. Byddai wedi hoffi helaethu'r adeilad, gan ychwanegu'r heyrn tân, y badell dwymo, y ddau haearn smwddio a rhyw fân offer eraill o gylch y gegin. Ond doedd ganddi mo'r amser. Safodd yn ôl i sicrhau ei fod yn sefyll yn gadarn, cyn rhuthro i'r parlwr a llusgo Sam gyda hi.

'Mae arna' i eisio chwarae efo'r castell!' protestiodd Sam yn eitha' naturiol.

'Na, na, ddim rŵan, Sam bach. Mi gei di ddŵad yn ôl cyn bo hir i chwara' efo fo. Be' am wneud llun o gastell imi?'

Doedd 'na neb yn symud yn y stryd. Dychmygodd Lydia'r gwasanaeth yn mynd ymlaen i fyny'r grisiau: y darllen a'r gweddïo, a phawb yn gwrando'n astud, ond eto ar eu gwyliadwriaeth, gan hanner disgwyl i rywbeth dorri ar draws yr oedfa.

'Lydia!'

'Ust, Sam!'

'Lydia, wnei di wrando arna' i'n darllen?' Roedd Sam yn cael hwyl ar ei ddarllen, ac yn falch ofnadwy o'i fedr newydd; yn wir roedd hyn yn ei wneud yn fwy o ddyn na'r mwyafrif o oedolion y dref.

'O'r gora'.' A dyma Lydia'n ei gosod ei hun i wrando

ar Sam yn darllen â'i ynganiad undonog ryw hanes am y fuwch goch a'r hwch a'r moch bach. Nid oedd yn dilyn mor ofalus ag arfer, rhag tynnu ei llygad oddi ar ben draw'r stryd, gan mai oddi yno y disgwyliai weld swyddogion y gyfraith yn ymddangos, pe deuent hefyd.

'Wele'r iâr fach yn pigo am geirch yn y llwch . . .'

'Yn ddistaw, Sam, rhag iti darfu ar y cwmni.' Nid oedd Sam yn deall mai wedi ymgynnull i addoli yr oedd y bobl ddieithr.

'Ych, ych, meddai'r hwch.'

Fel yr âi'r munudau heibio heb i neb ymddangos ym mhen y stryd o gyfeiriad y dref, dechreuodd Lydia feddwl y byddai'n rhaid iddi ddyfeisio gêm wahanol efo'r 'castell' i'r hyn a oedd ganddi mewn golwg ar y dechrau, rhag siomi Sam.

'Ych, ych. Y mae hi'n glaw'r moch bach.'

'Galw'r moch bach, Sam. Nid glaw : galw.'

'Y mae hi'n ga . . .'

Neidiodd Lydia ar ei thraed. 'Mae o'n dŵad ! . . . Mr White !' Rhuthrodd am y gegin. Rhedodd Sam ar ei hôl, yng ngafael rhyw gyffro a disgwylgarwch gwyllt. Ebychodd gan edmygedd wrth weld y castell yn sefyll yn uchel, uchel ac yn sgleinio ar gornel y bwrdd.

Cythrodd Lydia ymlaen a rhoi gwth caled i sylfaen y tŵr, y crochan ; yna sbonciodd o'r neilltu a dal Sam. Wedi eu swyno a'u dychryn ar yr un pryd, gwelodd y ddau y tŵr yn siglo i gyd. Llithrodd y twredau bach simsan ar ei gopa tuag at ei gilydd: cwympodd y gwylwyr meddw. Aeth y tŵr mawr yn igam-ogam i gyd. Wrth iddo ddechrau chwalu, aeth Lydia yn ôl i'w phlentyndod a bloeddio :

'Yn enw Duw a Major Mytton !'

Boddwyd ei llais gan y dwndwr ofnadwy wrth i'r castell syrthio'n deilchion. Daeth y naill ergyd ar ôl y llall wrth i'r padelli a'r platiau a'r cwpanau ddisgyn i'r llawr a rowlio yma ac acw, gan wrthdaro yn erbyn ei gilydd a chletsian fel symbalau. Neidiodd Sam i fyny ac i lawr mewn gorfoledd, â'i ddwylo dros ei glustiau. Ysgydwyd y gegin gan storm o dwrw.

'Hwrê ! hwrê ! hwrê !' gwaeddodd Sam.

Cyn i'r atseiniau ymdawelu, clywodd Lydia symudiadau yn y llofft uwchben. Edrychodd ar adfeilion gwasgaredig y castell a disgwyl â'i chalon yn curo'n wyllt. Roedd Sam yn rowlio chwerthin fel peth o'i go'. Roedd cloch fach yr ysgol yn dal i droi ar y llawr gan dincian. Cyrhaeddodd ddrws y gegin, a distewi.

Daeth curo mawr ar y drws ffrynt.

Yn sydyn dyma Sam yn mynd yn ddistaw. Hwyrach iddo weld braw yn wyneb Lydia. Closiodd ati. Sisialodd :

'Ydi Siôn a Siân wedi'u lladd ?'

'Nac ydyn, Sam bach,' sibrydodd Lydia. 'Wedi'u claddu dan yr adfeilion maen nhw, ond fyddan nhw ddim gwaeth, gei di weld.' Dyma chwilio ar unwaith am y ddwy ddelw fach bren a'u gosod yn eu lle priodol. Ar hyd yr amser roedd Lydia'n disgwyl i'r drws ffrynt agor.

'Lydia ! Beth ydi ystyr peth fel hyn ?' meddai llais llym. Modryb Kate oedd yn nrws y gegin.

Welodd Lydia erioed mohoni'n edrych mor ddicllon. Fflachiodd ei llygaid, ac roedd yna ddau smotyn coch ar ei gruddiau.

Y tu cefn iddi, daeth Mr White i'r golwg ac edrych heibio iddi ar y llanastr yn y gegin. Wrth ei ysgwydd safai Dewyrth Ellis. Rowliodd y gloch fach, gan dincian yn eiddil, at droed Mr White, a thewi.

'Be' ar y ddaear fuost ti'n 'i 'neud ? Roeddwn i'n meddwl fod y tŷ'n dod i lawr !'

Ni fedrai Lydia ddweud gair. Craffodd ar wyneb ei

modryb, heb wybod a oedd hi o ddifri' ai peidio. Cydiodd Modryb Kate ynddi a'i hysgwyd hi'n iawn.

Roedd Sam druan wedi hen sobri erbyn hyn.

'Chwarae gêm roeddan ni,' meddai â'i wefusau'n crynu. 'Codi castell a'i . . . a'i ffrwydro !'

'Rwyt ti'n hogyn drwg !' meddai Modryb Kate yn llym. 'Ond dim ond chwech oed wyt ti ; mae hynny'n rhywfaint o esgus iti.'

'Yfi . . .' cychwynnodd Lydia, â dagrau yn ei llygaid.

'Ie, Lydia !' Torrodd Modryb Kate ar ei thraws. 'Geneth o'th oed di . . . fe ddylet wybod yn well ! Gêm o ffrwydro castell, wir . . . pa fath o ddiddordeb ydi hynny i hogan fawr ? Ac yn arwain Sam i ddireidi hefyd ! Mae arna' i g'wilydd ohonot ti. Ac ar ddydd yr Arglwydd, yn waeth na dim ! Be' fydd y cymdogion yn 'i feddwl ohonon ni ? Gwarthus o beth !'

Y tu cefn iddi, pesychodd Dewyrth Ellis. 'Wel, plant ydi plant, yntê ? Catherine, 'y nghariad i, mae Mr White yma . . .'

'Mr White, mae'n rhaid imi ymddiheuro ichi ! Y fath anhrefn, a hynny ar ddydd yr Arglwydd . . . wn i ddim be' fyddwch chi'n 'i feddwl ohonon ni ! Lydia, wyt ti wedi anghofio dy fanars yn llwyr, ar ben popeth arall ?' Gwnaeth Lydia gwrtsi i Mr White, a chan ei bod hi'n sicr bellach ei bod wedi troseddu'n wirioneddol yn erbyn ei modryb, dechreuodd grïo. Wrth weld ei dagrau, dechreuodd Sam wylo hefyd.

'Waeth ichi heb â wylo rŵan. Sam, dos i dy wely. Lydia, twtia'r gegin ar unwaith, a rhoi popeth yn ôl yn ei le. O Mr White, *mae*'n ddrwg gen i ! Dowch i eistedd yn y parlwr. Be' gawn ni 'i wneud i chi ?'

'Mae 'na *information* wedi cael ei roi ger ein bron ni, madam, fod eich gŵr yn cynnal confentigl yn y tŷ 'ma heno.'

‘ Confentigl ? Dydw i ddim yn deall . . . Ellis ?’

‘ Mae ’na rywun yn eich camarwain chi, syr.’

‘ Tybed, Rowlands . . . tybed ?’ Craffodd y swyddog arno. Hwyrach ei fod wedi sylweddoli fod geiriau Mr Rowlands yn amwys. ‘ Dwi’n mynd i chwilio’r tŷ.’

‘ Mr White ! Mae’n rhaid imi brotestio . . .’

‘ Waeth ichi heb â gwastraffu geiriau.’ Dechreuodd y dyn fynd o’r naill ystafell i’r llall, gan daflu’r drysau’n agored. O’r diwedd, rhedodd i fyny’r grisiau.

‘ Rydech chithau’n gwastraffu’ch amser,’ galwodd Dewyrth Ellis ar ei ôl. ‘ Does ’na neb yn y tŷ.’

VII Y CWNSTABL

Yng ngardd gefn ei gartref, roedd Morus wedi hen flino ar eistedd ar un o ganghennau ei hoff goeden, yng nghysgod dail a blodau trwchus Mai. O'i glwyd ar ei brig gallai weld ymhell. Ond roedd o wedi newid ei le droeon, ac wedi oeri a gwlychu braidd yn y glaw mân, cyn iddo weld y ddau ddyn, White a'r cwnstabl, yn agosáu at ben y stryd.

Llithrodd Morus i lawr y goeden â rhwyddineb hir ymarfer, a rhedeg ar hyd y llwybr y tu cefn i'r tai. Wrth fynd, gadawodd i'r ffedog laes, yr oedd o wedi'i rowlio i fyny a'i gwthio i mewn i'r rhwymyn am ei ganol, syrthio i lawr dros ei goesau. Ynghyd â'r cap del am ei ben, a'r siôl am ei ysgwyddau, roedd o wedi benthyca'r ffedog oddi ar ei chwaer, Nan, heb ei chaniatâd. Gan fod Nan yn hŷn na fo o dair blynedd, roedd y ffedog yn cyrraedd y llawr, a'i hymylon yn cyffwrdd â'i gilydd bron y tu ôl iddo. Roedd y siôl wedi llithro o'i lle wrth iddo ddringo'r goeden. Gosododd Morus hi'n daclus. Â phiser ar ei fraich, roedd o'n edrych o'r tu blaen fel geneth ddifai.

Ym mhen draw'r llwybr, gwelodd y cwnstabl yn symud yn araf i'w gyfeiriad, gan edrych yn amheus i gefnau'r tai. Dyn mawr trwm, sylwodd Morus, â chymysgedd o deimladau ; ond doedd o ddim yn edrych yn ddyn clyfar iawn.

'Y . . . 'y ngenath i.' Er bod Morus yn ymwybodol iawn o'i wisg anghynefin, neidiodd wrth gael ei annerch fel hyn. 'Wyddost ti ym mha un o'r tai 'ma mae Ellis Rowlands yn byw ?'

Syllodd Morus arno fo. 'Pwy ?'

'Ellis Rowlands, neu Rowland. Sentar enbyd. Y tŷ

acw ddyla' fo fod, dwi'n credu, yn ôl fel y deudodd Mr White . . . neu'r nesa' ato fo.'

'Ellis Rowlands?'

'Ia.'

''I wraig o'n cadw ysgol, ia? Nith gyno fo o'r enw Lydia, hogan â gwallt coch?'

'Rwyt ti'n 'u 'nabod nhw?' Roedd hi'n edrych yn hogan bach eitha' parchus, meddyliodd y cwnstabl, er ei bod hi mor blaen ac esgyrnog.

'O ydw. Mi a' i â chi yno.'

'Wel, diolch iti, 'ngenath i. At y drws cefn, cofia.'

'Yr ochor arall i'r stryd, ia.'

'Ond mi ddeudodd Mr White . . .'

Ysgydwodd yr eneth ei phen.

'Wedi cam-ddallt rywsut. Y trydydd tŷ ydi o.'

Petrusodd y swyddog. Roedd glendid cap a ffedog yr hogan, a difrifoldeb ei hwyneb hir, yn ennyn ymddiriedaeth.

'Mi ddangosa' i'r ffordd ichi.'

Wrth ochr y cwnstabl, ag un llaw y tu ôl i'w gefn i gadw dau ymyl y ffedog wrth ei gilydd, cerddodd Morus yn sidêt at ben y stryd ac ar ei thraws. Ni ddaeth neb i'w cwrdd ond tri o ddynion ifainc ar eu ffordd i'r dafarn, ac aethant heibio heb gymryd sylw o'r swyddog a'i gydymaith. Ond credai Morus iddo gael cipolwg ar rywun yn croesi'r ffordd fel cysgod yn y pellter, y tu draw i'r tai. Byddai ychydig funudau'n unig yn ddigon o amser i'r ffyddloniaid adael tŷ Mr Rowlands a gwasgaru. Unwaith y byddai'r cyfarfod wedi chwalu, ni allai neb brofi iddynt gynnal confentigl yno.

Roedd Morus wedi dewis ei lecyn; cael ei ysglyfaeth i'r fagl oedd y dasg.

'Hen noson fudr,' cwynodd y swyddog wrth iddyn nhw droi i gefnau'r tai ar yr ochr draw. Roedd y llwybr yn anwastad ac yn llawn o byllau glaw. ' Y Sentars melltigedig 'ma ! Mae 'ma ddigon o ddrygioni yn y dre' 'ma heb iddyn nhw gynllwyn yn erbyn yr Eglwys a heddwch y brenin. Gofala di gadw draw oddi wrthyn nhw, del. Dyn, mae hi'n anodd gweld p'un ydi drws cefn y tai 'ma ; does 'na ryw ddrysa' ac agoriada' ymhob man ?' Craffodd ar draws y gerddi cefn ; roedd y trigolion wedi codi rhyw fân gytiau heb lawer o drefn na chynllun.

' Dacw'r tŷ,' meddai Morus, gan amneidio i gyfeiriad tŷ Mr Rowlands. Roedd o'n ofalus i beidio â dweud celwydd noeth, ond doedd dim angen iddo egluro mai ar yr ochr arall i'r stryd yr oedd y tŷ hwnnw, a'u bod nhw'n sefyll gyferbyn â drws cefn y Weddw William. Gwthiodd lidiart bychan yn agored. Roedd yr ardd ryw lathen a hanner yn is na lefel y llwybr, a grisiau'n arwain i lawr. Nid oedd y weddw wedi defnyddio'r ffordd yma at gefn ei thŷ ers blynyddoedd lawer ; roedd 'na borth arall yn bellach draw ar hyd y llwybr, ac roedd rhan isaf y grisiau wedi chwalu'n ddarnau a disgyn.

Safodd Morus yn ôl yn foesgar i adael i'r swyddog fynd drwodd. ' Gwyliwch y gris,' galwodd, hanner eiliad yn rhy ddiweddar.

Â gwaedd, disgynnodd y cwnstabl drwy'r gwacter o dan yr ail ris. Doedd gan Morus ddim ofn iddo frifo. Byddai'n glanio'n feddal yng nghanol tomen dail y Weddw William.

Roedd iaith y swyddog yn anweddus iawn, ac nid oedd Morus am aros i wrando arno. Caeodd y llidiart a dianc fel y gwynt. Erbyn iddo gyrraedd y stryd, roedd y cap, y siôl a'r ffedog yn fwndel o dan ei fraich. Sleifiodd ar draws y ffordd ac ymlwybro tua'i gartref.

Fe'i syfrdanwyd braidd gan ei lwyddiant. Â dau gwnstabl, neu un gwyliadwrus, ni fyddai'r tric wedi gweithio. Ond roedd o wedi tynnu sylw'r swyddog yn effeithiol : fe gymerai hwnnw funudau i ddod allan o'r fagl a chael hyd i'r tŷ iawn, ac yn ôl pob tebyg ni fyddai'n awyddus i wynebu pobl yn ei gyflwr presennol. Chwarddodd Morus o dan ei wynt wrth fynd i'r tŷ. Gadawodd y bwndel dillad mewn congl go dywyll wrth y drws cefn. Doedd dim angen sôn amdanyn nhw wrth Nan ar hyn o bryd ; digon i'r diwrnod ei ddrwg ei hun.

Roedd gan ei fam a Nan ddwy neu dair o ferched yn ymweld â nhw o'r plwyfi cyfagos ; roedd y rhain yn ymddiddan â nhw mewn lleisiau distaw. Neidiodd pawb pan ddaeth Morus i mewn. Ond roedden nhw'n dechrau dygymod â'u braw, a bu chwerthin tawel pan ddywedodd Morus ei fod o wedi camarwain y swyddog i dŷ'r Weddw William.

'Ust !' meddai Nan yn sydyn. Drws y tŷ nesa' oedd wedi cau. Mewn distawrwydd llethol, gwelodd y merched a oedd agosaf at y ffenest Mr White yn mynd yn ôl i gyfeiriad y dref. Aeth si o ryddhad drwy'r cwmni.

' Hogyn ofnadwy wyt ti !' meddai Mrs Llwyd. Roedd Morus wedi mynd i dŷ Mr Rowlands i ddweud ei stori. Yn anffodus, wedi iddo droi'i gefn fe ddaeth Nan o hyd i'w dillad, ac achwyn amdano wrth ei mam, ac fe ddaeth Mrs Llwyd ar ei ôl i dŷ'i chymdogion i ddweud y drefn.

' Cymryd y cwrdd yn esgus i wneud dryga' ! Ffordd anweddus iawn o ymddwyn, a hynny ar ddydd yr Arglwydd !'

' Ond Mam, mi fasa'r cwnstabl wedi bod yn ddrwgdybus o fachgen ! Am 'i fod o'n meddwl fy mod i'n hogan, doedd o'n amau dim !'

' Doedd dim rhaid iti fynd mor bell â hynna ! Beth pe bai'r cwnstabl yn dy 'nabod ? Yn y cyffion y basat ti !'

' Ond Mam, *wnaiff* o mo fy 'nabod i, a finna' mewn

dillad hogan !' Ar ochr pwy oedd hi ? meddyliodd Morus. Fuasai'n well ganddi iddo fod wedi dangos y tŷ iawn i'r swyddog, a gadael iddo ddal y saint yn dod trwy'r drws cefn ? Gwelodd fod Mr Rowlands hefyd yn edrych yn amheus. Ond yn llygad Lydia sylwodd ar fflach o edmygedd.

Doedd Lydia erioed wedi disgwyl iddo ddangos cymaint o ddychymyg. Yng ngoleuni gorchest feiddgar Morus, doedd 'na fawr o gamp ar ei dyfais hi o ' larwm '. Roedd hi a Morus wedi ufuddhau i orchmynion ei hewythr, meddyliodd yn chwerw, ac wedi trechu'r gelyn, ac achub y saint, a dyma nhw'n cael eu dwrdio a'u tafodi ! Doedd hynny ddim yn deg.

' Chwara' teg i'r hogyn,' meddai Ellis Rowlands. ' Gyda phob parch i chi, Meistres Llwyd, dwi'n credu 'i fod o wedi gneud yn rhagorol, a dangos ei fod yn ddyfeisgar iawn. Wedi'r cyfan, fe ymguddiodd Achilles ymhlith merched !'

Pendronodd Mrs Llwyd uwch hyn. Credai Morus ei bod hi'n meddwl mai cymeriad o'r Beibl oedd Achilles. ' Wel, Mr Rowlands,' meddai, ' mi geith faddeuant am y tro yma. Ond cymer di ofal, Morus : paid ti byth â mentro fel yna eto !'

Roedd Sam wedi ymddangos yn ei grys nos. ' Be' sy'n bod, Sam ?' gofynnodd Mrs Rowlands. ' Rwyt ti i fod yn dy wely.'

' Does 'na neb i wrando arna' i'n deud 'y mhadar.'

Toddodd pawb wrth glywed hyn. ' Wel nac oes, 'y nghariad bach i !' meddai Modryb Kate. ' Dos di, Lydia, i wrando arno fo, wnei di ?'

Deallodd Lydia ei bod hi wedi cael maddeuant am *sbloet* y larwm. Synhwyrodd Sam, hefyd, fod yr awyrgylch yn fwy dymunol. Wrth fynd gyda Lydia, trodd ac edrych i fyny arni. Gwawriodd gwên angylaidd ar ei wyneb.

‘ Da oedd hi, Lydia,’ sibrydodd, ‘ pan syrthiodd y castell i lawr !’

Bu ennyd fer o ddistawrwydd, a daeth bloedd o chwerthin oddi wrth Dewyrth Ellis. Curodd ei ddwylo. ‘ Rwyt ti’n iawn, ’y ngwas i ! “A’i gwymp a fu fawr!” ’

Torrodd tyndra’r noson o’r diwedd. Chwarddodd pawb—Mrs Rowlands, Mrs Llwyd, pawb. Ni wyddai Sam yn iawn beth oedd wedi digwydd, ond edrychodd â gorfoledd o’r naill un i’r llall. ‘ Bang . . . BANG !’ gwaeddodd, a chwerthin nes roedd o’n wan.

VIII YSBÏWR YN YR YSGOL ?

Ar ôl hyn cytunodd Ellis Rowlands fod cynnal cwrdd yn ei dŷ ei hun yn nyddiau golau haf yn orfentrus. Penderfynodd y saint, fel y gelwid yr aelodau yn ôl arfer yr Eglwys Fore, ymgynnull yn y pentrefi cyfagos, mewn tai preifat ychydig o'r neilltu, a chilfachau cysgodol yn yr awyr agored. Symudwyd y man cyfarfod o'r naill wythnos i'r llall drwy'r mis, ond gan ddilyn yr un drefn bob mis ar hyd yr haf. Gan fod trafaelio mor anodd, roedd hyn yn draul ar yr aelodau hynaf a gwannaf ; anodd hefyd ydoedd i'r trefnydd ddod i gysylltiad â'r ffyddloniaid, a hwythau'n byw filltiroedd i ffwrdd. Anfonid Morus neu Lydia, weithiau, ar neges i Lanwnda neu Landdeiniolen. Ar ddiwrnod marchnad, fe âi'r gair o un aelod i'r llall ymhlith yr ymwelwyr â'r dref. Fe glywai'r wraig a brynai flawd ceirch ym Mhen Dist lais bachgen yn sibrwd yn ei chlust : 'Yr amser arferol, yng Nghefn Isa' ', a gweld Morus yn diflannu'n gyflym i ganol y dorf ; hwyrach y byddai'n hanner gwenu wrthi'i hun gan feddwl 'i fod o'n swnio fel neges oddi wrth gariad. Roedd Lydia, hefyd, wedi dysgu'r tric o sleifio nodyn bach i afael gŵr neu wraig mewn lle cyhoeddus heb i neb arall yn y dyrfa sylwi dim. Yn y lleoedd gwledig, gadawyd sawl nodyn o dan garreg neu mewn twll mewn rhyw gongl benodedig. Aeth y gwaith ymlaen, ac fe gafodd Morus a Lydia flas ar ddyfeisio ffyrdd i'w gynnal.

Ond ar ôl y noson pryd y daeth swyddogion y gyfraith mor agos at ddal yr addolwyr yn nhŷ Ellis Rowlands, bu llawer o drafod a dyfalu pwy oedd yr ysbïwr.

Gallai unrhyw un o'r cymdogion fod yn gwylio ac yn cyfri'r ymwelwyr wrth iddyn nhw gyrraedd y tŷ.

‘ Robert Huws,’ cynigiodd mam Morus.

‘ Chreda’ i ddim,’ meddai Dewyrth Ellis. ‘ Mae o’n ddyn cul, blin, chwerw, ond er hynny’n Gristion cywir yn ôl ei oleuni’i hun. Dydw i ddim yn ’i weld o’n gwerthu cymydog am arian.’

‘ Rwyt ti’n rhy gyndyn i feddwl drwg am neb,’ meddai’i wraig. Ond cefnogodd Morus farn ei athro ; nid am ei fod yn hoff o Robert Huws, ond am ’i fod o’n gallu dilyn symudiadau’r cymdogion i gyd o’i glwyd ar ben y goeden. Roedd o wedi gwylio’r fangre o’r adeg y cyrhaeddodd y cyntaf o’r gynulleidfa dŷ Mr Rowlands. Gwelodd y lleill yn ymgynnull fesul un a dau ac yn diflannu i’r tŷ. Sylwodd ar symudiadau’r cymdogion : dwy ddynes yn siarad wrth ddrws tŷ, eraill yn mynd ac yn dod rhwng y tŷ a’r ardd. Ond roedd o’n bendant nad oedd neb wedi mynd o’r stryd i gyfeiriad y dref er pan ddechreuodd y cyfarfod hyd ymddangosiad White a’r cwnstabl. Yn arbennig, haerodd nad oedd neb wedi gadael tŷ Robert Huws yn y cyfnod hwnnw, ac roedd o wedi gweld Mr Huws ei hun yn mynd i’r cwt ym mhen draw’r ardd ac yn ôl i’r tŷ tua hanner ffordd trwy’r amser.

Teimlodd pawb ryw ryddhad wrth glywed hyn : doedd neb yn hoffi meddwl am gymydog fel bradwr, hyd yn oed Robert Huws. Ond os nad yfô oedd y troseddwr, sut y cafodd White wybod ? Tyfodd eu hanesmwythyd wrth iddyn nhw ystyried y posibiliadau.

Roedd y cyfarfod wedi cael ei gyhoeddi’r Sul cynt ar ddiwedd y cwrdd yn Llanwnda. Ni fedrai neb amau ffyddlondeb y saint eu hunain ; roedden nhw wedi glynu wrth yr achos yn selog ers blynyddoedd yn wyneb yr holl anawsterau. Ond gallasai ychydig eiriau diofal, yng nghlyw rhywun o’r tu allan, fod yn ddigon i ddwyn y gyfrinach i glustiau’r awdurdodau.

‘ Mae’n rhaid inni fod yn ofalus ac yn wyliadwrus

iawn,' meddai Ellis Rowlands : ' dal ein tafod a pheidio ag ymddiried yn neb nad ydyn nhw'n aelodau o'n heglwys ers nifer o flynyddoedd.'

Roedd Lydia wedi gweld un posibilrwydd, ond roedd o mor hyll fel nad oedd hi'n awyddus iawn i sôn amdano. Ond roedd o'n pwyso cymaint ar ei meddwl nes y bu raid iddi gyfeirio ato :

' Tybed nad rhywun o'r ysgol sy'n gyfrifol ?'

Bu distawrwydd. Edrychodd ei modryb a'i hewythr ar ei gilydd, ac fe welodd Lydia fod yr un amheuaeth yn eu meddwl hwythau.

' Un o'r plant ? Na, chreda' i ddim,' meddai'i hewythr. ' Pwy allai amau'r plant diniwed ?'

' Nid y plant bach, wrth gwrs ; na'r bechgyn.' Rhyw fodd, amhosibl ydoedd gweld Thomas neu Nathan fel ysbïwyr. ' Un o'r merched hŷn. Dydi rhai o'r rheiny ddim yn ddiniwed o bell ffordd.' Henrietta, meddai wrthi'i hun ; Arabel. Merched twrneiod ac yn casáu Sentars.

' Mi wn i dy fod ti'n drwgleicio un neu ddwy ohonyn nhw,' meddai Modryb Kate braidd yn llym, ' ond dydi hynny ddim yn ddigon o reswm dros ddeud y basen nhw'n gneud peth mor ffiaidd.'

' Does 'na ddim sail i amheuaeth o'r fath, a dwi'n erfyn arnat ti, Lydia bach, i beidio â meddwl dim mwy amdani,' meddai'i hewythr. ' Thâl hi ddim inni fod yn ddrwgdybus o'r bobol yn ein cylch ein hunain . . . a llai byth o'r plant.'

Ond daliodd Modryb Kate i bendroni. ' Rydw i wedi ymdrechu i gadw'r ysgol a'r cyrddau'n gwbwl ar wahân i'w gilydd. Dyna'r unig ffordd. Pe bawn i'n meddwl y gallai un o'r genethod deimlo'r fath gasineb tuag aton ni . . .'

Edrychodd Lydia ar wyneb pryderus ei hewythr, a difaru'n chwerw ei bod hi erioed wedi codi'r pwnc.

'Ond arnon ni y byddai'r bai yn y pen draw,' ychwanegodd Mrs Rowlands yn bendant. 'Heb ryw esgeulustod ar ein rhan ni, a hynny yn oriau'r ysgol, ni fasai'r un o'r plant mewn sefyllfa i fradychu'r achos. Rhaid inni ofalu peidio â rhoi temtasiwn yn ffordd neb o hyn ymlaen.'

Soniodd neb wedyn am yr amheuaeth gas. Ond bu Lydia'n myfyrio llawer ar y posibiliadau. Sut y gallai un o enethod yr ysgol fod wedi darganfod y manylion am y cwrdd ?

Trwy glywed darn o sgwrs rhwng aelodau'r teulu ? Ond ni fyddent yn sgwrsio am grefydd na chyrddau byth yn oriau'r ysgol. Haws credu fod un o'r plant wedi gwrando ar sgwrs rhwng Dewyrth Ellis a rhyw ymwelydd â'r tŷ o blith yr aelodau, ond fel arfer fe ofalai'r cyfryw rai i beidio â galw yn ystod oriau'r ysgol. Cadwai Dewyrth Ellis ddyddiadur, ond cymerai ofal i'w guddio mewn drôr dirgel yn ei ddesg, ac fe fyddai o a'r tri bachgen wrth law yn y stydi bob amser, fel na châi neb gyfle i chwilio amdano.

Doedd dim dichon egluro'r dirgelwch : roedd eu gwybodaeth yn rhy annelwig. Ni wyddai neb pa mor sicr oedd tystiolaeth Morus, o ran hynny, am yr hyn a welsai o ben y goeden ; er ei fod o'i hun yn bendant, tybiai Lydia y gallasai rhywun fod wedi sleifio'n gyflym o un o'r tai heb iddo sylwi arno. Ond yn ôl at yr ysgol a'i disgyblion y deuai'i meddwl bob tro. Nid ei bod hi'n amau Lowri a Sali, ei ffrindiau agosaf, a hwythau'n blant i Sentars ; na Siwsi, mor ufudd a siriol a pharod ei chymwynas ; nac Elin, mor dawel a dirodres ; na Besi dew, braf, ddiog . . . *Besi*'n ysbïwr ! Roedd Lydia'n chwerthin wrth feddwl am y fath syniad. Ond felly roedd hi efo pawb bron. Ond Arabel a Henrietta.

Honnai Modryb Kate fod Arabel wedi gwella'n ddiweddar. Hwyrach, yn dair ar ddeg oed, iddi ddechrau sylweddoli ei bod hi'n eneth alluocach na Henrietta, a blino ar frolio parhaus ei ffrind am bobol fawr y sir, a chyfeillgarwch ei rhieni â theuluoedd Glynllifon a Gwydir. Beth bynnag, roedd Arabel yn gweithio'n fwy annibynnol a diwyd, ac weithiau, wrth wneud cyfrifon neu gyfieithu Ffrangeg neu sgrifennu llythyr Saesneg, byddai'n cuddio'i gwaith â'i llaw rhag i Henrietta gopïo oddi arni. Bu un adwaith i hyn yn anffodus i Lydia: trodd Henrietta ati hi am gymorth a chysur.

'Dwi'n credu i Arabel gael 'i siomi braidd yn 'y ngwledd ben-blwydd i,' sibrydodd Henrietta'n gyfrinachol. 'Debyg 'i bod hi wedi disgwyl cael mwy o sylw gen i. Ond wyddost ti, Lydia, roedd 'na gymaint o ffrindia' er'ill yno . . .' Disgwyliodd Lydia am yr enwau Glynne a Wynne, ac nid yn ofer. 'Mi wel'is i'n fuan iawn fod Arabel yn dechra' pwdu. Hwyrach fod 'na dipyn o wenwyn yna. Welodd teulu Arabel fawr ar y *beau monde* erioed . . . Ac O, 'nghariad i, 'taset ti wedi gweld y rubanau yn 'i gwallt hi . . . mae hi mor dal, roedd hi fel bedwen Fai !' (Roedd Arabel yn tyfu'n gynt o lawer na Henrietta ar y pryd.) 'Mi chwarddodd Mary Wynne wrth edrych arni !' Anwesodd Henrietta fodrwyau ei gwallt ei hun.

Gwyddai Lydia beth fyddai diwedd hyn i gyd. 'Lydi, dydw i ddim wedi dallt yr hen symia' 'ma. Gwna di nhw imi. Dydw i'n dda i ddim efo symia'. Mae hi'n wahanol ar Siwsi a Sali a Lowri . . . mae'u tada' nhw mewn *trade* . . .'

Weithiau fe fyddai Lydia'n gweld Siwsi'n gwylio, ac

yn gwrando ar sgwrs Henrietta â gwên fach dawel, ond fyddai Siwsi byth yn dweud dim byd cas am neb.

'Mae Henrietta'n gyfeillgar iawn efo chdi'r dyddia' yma !' meddai Sali wrth Lydia.

'Wel, does gen i ddim eisio bod yn ffrindia' efo Henrietta,' meddai Lydia. 'Mae hi'n ddwl, yn ddiflas, yn ddiog ac yn fawreddog.'

'Ust,' meddai Sali, 'rhag ofn iddi dy glywed ti.'

'Mae'n dda gen i weld fod Arabel ac Elin yn ffrindia',' meddai Modryb Kate ; 'geneth ddi-lol, agos iawn at 'i lle ydi Elin. Fe fydd yn well dylanwad ar yr eneth na Henrietta. Mae disgyblaeth yr ysgol wedi gwella ers i'r ddwy yna roi'r gorau i fod yn gyfeillion mynwesol.'

'Henrietta ! Wyddoch chi be' ddeudodd hi wrtha' i bore 'ma : "Pam na wnei di gyrlio dy wallt, Lydia ? Mae'r lliw yn ffasiynol, wsti. Wrth gwrs, mae Marged, fy morwyn i, yn cyrlio 'ngwallt *i* bob nos, ond mi alla' i ddangos iti sut i'w drin o, i fod yn debyg i ferched Llundain . . ." '

Chwarddodd Modryb Kate wrth glywed Lydia'n dynwared acen drwynol, fawreddog Henrietta. 'Fe ddylet dosturio wrth Henrietta druan, Lydia. Dydi hi ddim yn dlws iawn, nac yn dalentog ; fydd hi byth yn llwyddiannus yn y *beau monde* mae hi'n sôn cymaint amdano. Ac ers iddi golli Arabel fel cyfeilles mae hi'n bur unig yn yr ysgol. Pe byddai hi'n sicrach ohoni'i hun, fe fyddai'n eneth llawer mwy dymunol.'

'O leiaf, mae hi wedi rhoi'r gora' i wawdio Sentars byth a beunydd. Mae hynny'n rhywbeth i ddiolch amdano.'

O'r diwedd, dechreuodd Henrietta droi at Siwsi am wrandawiad. Roedd gan Siwsi fwy o amynedd na Lydia a byddai'n derbyn ymffrostio Henrietta'n wylaidd. Cymerodd ei darbwyllo i gyrlio'i gwallt yn ffasiynol, ac ymddangos â'i thresi melyn yn syrthio'n swp o fodrwyau ar ei hysgwyddau ac ar draws ei thalcen. Doedd hi ddim dicach pan gymerodd Henrietta'r clod am y newid yn ei golwg, a sibrwd wrth bawb mai hi a roes yr heyrn cyrlio i Siwsi a dangos iddi sut i'w trin. ' Mae gan Siwsi'r *bel air*. On'd ydi hi'n edrych fel *angel* ? ' gofynnodd Henrietta, gan edrych yn awgrymog ar wallt syth Lydia. Cochodd honno'n ddig. Ond chwarae teg i Siwsi, doedd 'na ddim yn ymffrostgar yn ei gwên addfwyn. Am fod ganddi galon dda, crybwyllodd Modryb Kate, roedd hi'n derbyn nawdd Henrietta : rhag iddi ymddangos yn anniolchgar.

Parhâi'r Ymneilltuwyr i gyfarfod bob Sul mewn sawl llecyn y tu allan i'r dref, heb i neb ymyrryd â nhw. Ond buan iawn y tarfwyd ar y llonyddwch.

IX O FLAEN EI WELL

Un diwrnod ffair clywyd curo mawr cyffrous ar y drws ffrynt. Rhedodd Lydia i'w agor, a dyna lle'r oedd Grace Ffransis, a Robin, mab bach William Pugh, yn beichio crio wrth ei hochr.

'Meistres Ffransis ! Be' sy'n bod ?'

'Mae 'na beth ofnadwy wedi digwydd ! O Meistres Rowlands, dyma dro difrifol ! Ydi Mr Rowlands gartra' ? Mae William Pugh yn y ddalfa !'

Syllodd Modryb Kate arni heb ddweud gair, a churo ar ddrws y stydi ; doedd 'na ddim ysgol i'r plant eraill heddiw, ond roedd y bechgyn mawr yn gweithio hanner diwrnod.

Agorodd y drws ar unwaith, gan fod Ellis Rowlands wedi clywed llais Grace.

'Mr Rowlands, maen nhw wedi mynd â William Pugh i'r ddalfa am ddod â llythyr i chi oddi wrth Morgan ab William Probert !'

'William Pugh yng ngharchar!' meddai Modryb Kate, wedi dod o hyd i'w llais o'r diwedd. Daeth pwl o wylo oddi wrth Robin. 'Lydia bach, dos â Robin i'r gegin a rhoi tamaid o deisen sinsir iddo, a chwarae efo fo i'w gadw'n ddiddig.'

Roedd Ellis Rowlands yn rhoi'i gôt amdano. 'Fechgyn,' meddai mewn Lladin gan droi'n ôl i'r stydi, 'cyfieithwch y ddwy dudalen nesaf o'r araith. Yna caewch eich copi o Cicero a chyfieithu'n ôl o'r Saesneg i'r Lladin. Rwy'n disgwyl ichi weithio'n ddygn." Ychwanegodd yn Gymraeg : 'Ydi pawb wedi deall ?'

'Ydan, syr,' atebodd y tri'n ddigalon.

Rhoddodd Mr Rowlands ei het am ei ben. ‘ Fydda’ i ddim yn hir.’

‘ Ellis !’ meddai’i wraig, ac edrych arno ag ofn noeth yn ei gwedd.

‘ Paid â phoeni,’ meddai. ‘ Mi fydda’ i’n ofalus.’ Ac i ffwrdd â fo.

‘ Be’ ddigwyddodd ?’ gofynnodd Mrs Rowlands.

‘ Wel, mi ddaeth criw ohonom ni o Glynnog, yn ein hwylia’ gora’ am ’i bod hi’n ddiwrnod ffair, gellwch feddwl, ac yn dywydd mor braf. A dyma ni i’r farchnad a phrynu nwydda’ a fferins i’r plant, a gneud dim drwg i neb. A’r peth nesa’ dyma’r ddau ddyn ’ma’n dŵad ac ymafael yn William Pugh a deud fod rhywun wedi achwyn arno fo wrth yr Uchel Siryf ’i fod o’n dwyn llythyr oddi wrth Morgan ab William Probert at Mr Rowlands, yn erbyn heddwch y Brenin ! Wel, roedd y creadur wedi hurtio’n lân, siŵr iawn. Fasa’ William Pugh ddim yn brifo pry’. Beth oedd a wnelo fo â’r Uchel Siryf, neno’r tad ? A dyma nhw’n mynd â fo i’r jêl.’

Erbyn hyn roedd hi’n eistedd yn y gegin. ‘ O, mae ’nghalon i’n dal i guro fel chwyrligwgan !’

‘ Cymerwch lymaid o win, Grace.’ Roedd Modryb Kate yn llwyd fel y galchen. ‘ Roeddwn i’n meddwl ein bod ni wedi gweld diwedd ar beth fel hyn.’

‘ Faint sydd ers iddyn nhw garcharu’r ddau ŵr da ’na ar gownt llythyr yn cwyno am y llywodraeth ?’

‘ Rhyw wyth mlynedd bellach.’

‘ Ond os ydi Mr Pugh a Mr Probert yn ddiniwed . . .’ cychwynnodd Lydia, wrth weld pryder ei modryb.

‘ Ond doedd y ddau arall yn ddiniwed hefyd ! Llythyr ffug oedd o, yntê, Mrs Rowlands ? Ond mi fuon nhw yng ngharchar am ddeng wythnos yn y dre’ ’ma er hynny.’

‘ Deng wythnos !’ Dechreuodd Lydia ddeall arswyd ei modryb.

‘O, mae ’na sawl dyn diniwed wedi diodde’ ers i’r brenin ddŵad yn ôl. Mi ŵyr ych modryb . . . mi fu Mr Rowlands ’i hun yn y jêl ddwy waith, on’d o ?’

Syllodd Lydia’n fud ar ei modryb. Dewyrth Ellis, mor ddiddrwg a duwiol a dysgedig, yn y jêl ?’

‘Do. Yng Nghaernarfon ’ma o dan amheuaeth o guddio arfau, ac yn Ninbych y flwyddyn ar ôl hynny, am gynnal confentigl. Mae ’na naw neu ddeng mlynedd er hynny, cyn i ti ddod aton ni. Dyddiau garw oedd y rheiny. Roedd ’na erlid ffyrnig am fod y llywodraeth yn ofni rhyfel arall yn erbyn y brenin. Ond fasai Dewyrth Ellis byth yn dwyn arfau, nac yn gwneud dim i beryglu heddwch gwlad.’ Siaradodd Modryb Kate yn bendant, ac roedd y lliw wedi dod yn ôl i’w gruddiau.

Neidiodd meddwl Lydia’n gyffrous yma a thraw. Roedd hi’n cofio rhyw fynd a dod parhaus yn ei dyddiau cynnar, rhyw stŵr a phryder a hithau’n methu deall pam, yn union ’run fath â Robin, a oedd yn yfed llaeth yn dawel rŵan ac yn syllu arnyn nhw’n brudd dros ymyl ei gwpan. Ac roedden nhw’n ofnadwy o dlawd ar un adeg, hyd nes i’w modryb gychwyn yr ysgol a gweld y fentr yn dechrau llwyddo.

Unwaith eto, roedd eu bywyd tawel yn y fantol.

Fe gollodd Morus olwg ar ei athro wrth fynd trwy’r farchnad a’r Porth Mawr. Ond toc, fe’i gwelodd yn cerdded yn gyflym ar hyd y Stryd Fawr, â’i gefn syth a’i ysgwyddau cryfion, heb edrych i’r dde nac i’r aswy. Trodd i Stryd y Jêl, a dal ei gwrs am Neuadd y Sir.

Roedd ’na ddyrnaid o bobl chwilfrydig wedi ymgynnull wrth ddrws y neuadd. Chymerodd Mr Rowlands ddim sylw ohonyn nhw, dim ond dringo’r grisiau at y drws a diflannu trwyddo. Dymunai Morus yn sydyn fod yn ôl yn yr ysgol yn cyfieithu Cicero. Ond martsiodd yntau trwy'r drws fel pe bai ganddo'r hawl i fod yno. Roedd o mewn pryd i weld Mr Rowlands yn siarad efo swyddog ac yn cael ei hebrwng i stafell. Gadawodd y drws yn gilagored y tu cefn iddo, ac fe gafodd Morus gip ar ddyn mewn perwig yn eistedd wrth fwrdd, a William Pugh, yn welw ac yn nerfus, yn sefyll rhwng dau swyddog.

Daeth rhywun at y drws ac edrych drwyddo. Â'i galon yn ei sgidiau, adnabu Morus Mr White.

'Wyt ti'n dyst yn yr achos yma ?'

'N-na . . . nac wyf, syr.'

'Gwrandawiad preifat ydi hwn. Dos odd'ma.' Caeodd y drws â chlep.

Ond ar y gair, cyrhaeddodd gŵr bonheddig arall mewn wig, a'i wynt yn fyr. Yn flin ac yn frysiog, agorodd y drws a mynd i mewn. Ni thrafferthodd gau'r drws yn sownd, a dyma Morus yn ei osod ei hun wrth y bwlch i wylio a gwrando.

'Roeddwn i wedi dechrau ar 'y nghinio, Mr Glynne,' meddai'r ail fonheddwr yn ddiamynedd. 'Dydi hyn ddim yn amser cyfleus imi o gwbwl.'

'Mae'n ddrwg gen i, eich teilyngdod,' atebodd Mr White, 'ond mae 'na gŵyn wedi codi fod 'na bersonau'n cynllwynio yn erbyn heddwch ein Harglwydd y Brenin.'

Rhythodd yr ynad arno. 'Pwy sy'n dod â'r gŵyn ?'

Dangosodd White ddyn arall, ffermwr yn ôl ei wisg, lladradaidd braidd ei olwg.

'Ei enw ?'

'Amos John o Glynnog.'

'Beth ydi'r cyhuddiad ? '

'Fod William Pugh, hefyd o Glynnog, yn cludo llythyr oddi wrth Morgan ab William Probert, o Glynnog eto, Ymneilltuwr rhemp, at Ellis Rowlands o'r dre' 'ma,

Piwritan enbyd, yn groes i heddwch ein Harglwydd y Brenin.'

'Sentars, ie ?' meddai'r ustus cyntaf. 'Roeddwn i'n meddwl ein bod ni wedi'u dadwreiddio nhw'n llwyr o'r tir. Pwy ydi'r dyn yma ?' gofynnodd gan gyfeirio at Mr Rowlands.

'Ellis Rowlands, eich teilyngdod,' atebodd Mr Rowlands. 'Rydw i wedi dod yma i dystiolaethu i'r ffaith fod William Pugh, dyn o gymeriad gonest, yn ddieuog, ac i ateb drosof fy hun yn yr achos yma.'

'Mae gennyf ddyletswydd i atgoffa eich teilyngdodau,' meddai Mr White yn frathog, 'fod Morgan ab William Probert, awdur y llythyr, yn un o'r Piwritaniaid rhonc a garcharwyd yn y dre' 'ma yn o fuan ar ôl adferiad y frenhiniaeth. Onid ydi o'n wir, Rowland, iti ohebu'n gyson â Phiwritaniaid enbyd Llŷn ac Eifionydd ar y naill law, ac Ymneilltuwyr peryglus Sir Ddinbych ar y llall ?'

'Fydd 'na byth heddwch yn y wlad 'ma tra bo'r Pengryniaid styfnig 'ma'n dal i aflonyddu'r bobol !' meddai'r ustus cyntaf.

'Mae'n wir fod gen i gyfeillion yn Llŷn ac Eifionydd ac yn arbennig yng Nghlynnog, lle y bûm i'n weinidog am rai blynyddoedd . . .'

'Clerigwr o ryw fath, felly. Gwaeth byth,' meddai'r ustus yn sarrug.

'. . . a hefyd fod gen i ffrindiau da yn Nyffryn Clwyd, rhai ohonyn nhw'n glerigwyr yn Eglwys Loegr. Maen nhw'n wŷr gonest, ac yn gwbwl ddieuog o deyrnfradwriaeth, ac o unrhyw fwriad anghyfreithlon.'

'Eich teilyngdodau,' meddai White, 'fe gafodd Rowlands 'ma ei garcharu ym 1661 am ystorio arfau, pan fu swyddogion y llywodraeth yn chwilio'r sir am arfau a dod o hyd i stoc enfawr o ynnau a phowdr yn Llŷn.'

Edrychodd y ddau ynad yn ddu ar Mr Rowlands.

‘ Nid felly,’ meddai hwnnw’n bwyllog. ‘ Fe’m carcharwyd, do . . . o dan amheuaeth o ystorio arfau. Bu chwilio dyfal amdanynt. Ond ni ddaeth neb o hyd iddyn nhw, a hynny am reswm da : nid oedd gennyf arfau. Nid wyf yn dwyn arfau, nac yn annog fy nghyd-ddyn i godi arfau yn erbyn y brenin, nac unrhyw greadur dynol arall. Na ato Duw !’

Fe greodd ei ddiffuantrwydd amlwg argraff ar yr ynadon. Ciledrychodd y naill ar y llall yn ansicr.

‘ Mater y llythyr ’ma,’ meddai’r cyntaf. ‘ Beth yn union sy’n anghyfreithlon yn ei gynnwys ?’

‘ Mae o yma i chi ei ddarllen, eich teilyngdod.’ Fflachiodd William Pugh edrychiad adfydus at Mr Rowlands wrth weld y swyddog ar fin agor y llythyr.

‘ Rwy’n protestio, eich teilyngdodau,’ meddai Ellis Rowlands. ‘ Llythyr preifat ydi o, llythyr personol oddi wrth gyfaill.’

‘ Mae gan yr ynadon hawl i’w agor os oes ganddynt reswm i amau ei fod yn peryglu heddwch y brenin,’ atebodd White. Torrodd Mr Glynne y sêl.

‘ Ac ni ŵyr William Pugh ddim mwy am ei gynnwys na chithau, eich teilyngdodau. Negesydd yn unig ydi o, ac ni ddylid ei ddal.’

‘ Ein gwaith ni ydi dweud be’ sy’n gyfreithlon, Rowlands. Nid dy le di ydi pregethu am gyfiawnder wrthym ni. Darllenwch y llythyr, Mr White.’

Cofiodd Morus am yr ymddiddan rhwng ei athro a William Pugh ynghylch yr achos yng Ngwyrfai, Eifionydd a Llŷn, ac fel yr honnai William fod Morgan ab William Probert yn gwybod enwau a rhif yr Ymneilltuwyr ymhob plwyf. Aeth yn oer trwyddo. Gallai’r wybodaeth gael ei throi yn eu herbyn mewn sawl ffordd, a’r rheiny i gyd yn gas.

Clywodd sŵn troed yn agosáu. Ciliodd oddi wrth y

bwlch rhwng y drws a'r wal a'i wasgu ei hun i gornel go dywyll y tu cefn iddo. Aeth y swyddog heibio heb ei weld. Roedd arno ofn symud o'i guddfan, ond gan fod y drws yn dal yn gilagored gallai glywed y sgwrs o hyd. A gallai ddychmygu'r ddau fonheddwr yn eu dillad costus a'u gwallt gosod trwchus, a'r Piwritan penbrith yn ei siwt blaen hen-ffasiwn ; ni welodd erioed ei athro mor eglur.

Carthodd Mr White ei wddf, a darllen :

' "Barchedig Syr,

' Gras i chi a thangnefedd, oddi wrth Dduw ein Tad, a'n Harglwydd Iesu Grist'." '

' Mae sawr y Sentars ar 'i iaith o,' chwyrnodd Mr Glynne.

' Cyfarchiad arferol yr Apostol Paul,' meddai Mr Rowlands. Wedi hanner eiliad o ddistawrwydd, aeth White ymlaen :

' "Mawr obeithiaf eich bod chi a'ch priod anrhydeddus yn dal mewn iechyd, fel yr ydym ni, a diolch i'r Arglwydd am hynny." '

' H'm,' meddai Mr Glynne.

' "Y mae eich perthnasau parchus, Mr a Mrs Robert Lloyd, Fachwen, hefyd yn iach. Dymunaf ddiolch i chi, barchedig syr, am ichi anfon llyfr duwiol imi'n ddiweddar . . ." '

Daeth nodyn o foddhad i lais Mr White.

' Ha !' meddai Mr Glynne. ' Taenu celwyddau enbyd y Piwritaniaid ! Does dim yn gwneud mwy i aflonyddu'r wlad a llenwi pennau dynion â syniadau peryglus na'r llyfrau sectaraidd 'ma !'

' ". . . sef gwaith y dyn da hwnnw . . ." '

' Rhyw Bengrwn hanner-pan . . . !'

' ". . . y Ficer Prichard . . ." '

Gwamalodd llais White. Bu saib am eiliad cyn i'r ail ustus ddweud, â rhyw ychydig o gilchwerthin yn ei dôn :

‘ Myn cacwn ! Dydi hwnnw ddim yn ddigon o gonfformist gynnoch chi ?’

‘ Dos ymlaen, White.’

‘ “. . . gyda rhagymadrodd Mr S. Hughes.” Ymneilltuwr rhemp,’ ychwanegodd White. ‘ “Yr ydym yn cael blas anghyffredin arno, ac y mae’r plant wedi dysgu darnau byrion ohono yn barod. Yr wyf yn dysgu’r wraig i ddarllen, yn ôl eich cyngor chi, syr . . .” ’

‘ Be’ fyddai cyflwr ein gwlad ni,’ gofynnodd Mr Glynne, gan rythu ar Mr Rowlands, ‘pe byddai pob tipyn o dyddynnwr a gwraig ffarm yn gallu darllen ? Ffordd sicr i anhrefn.’

‘ “. . . ac y mae hi’n dyfod ymlaen yn ddifai. Pan fydd y plant wedi dysgu, hefyd, byddwn *yn mynd ar drot i’r nefoedd*, chwedl y Ficer. Y mae iaith y Sowth yn peri tipyn o anhawster inni ar adegau, ond gallaf eich sicrhau y bydd ‘ Cannwyll y Cymry ’ yn goleuo’n cartref ar hyd y gaeaf.” ’

‘ Wela’ i ddim yn y llythyr i beryglu heddwch y brenin. Stwff diniwed iawn,’ meddai’r ail ynad.

‘ Mae ’na ragor, eich teilyngdod. Caniatewch imi . . . “Cawsom golledion yn gynt yn y flwyddyn. Ganwyd nifer o ŵyn yn farw, ac fe achosodd yr holl law yn y gwanwyn ryw haint ar y defaid. Ond mae’r gwartheg yn iach iawn, a’r lloeau . . .’

‘ Mr Glynne !’ Torrodd yr ail ustus ar draws y darlleniad. ‘ Oes raid imi gael fy nghadw oddi wrth ’y nghinio yn gwrando ar faldordd tyddynnwr ? Chlyw’is ’rioed lasdwr mwy diflas yn ’y mywyd ! Sut ar y ddaear mae sothach diniwed fel hyn am beryglu heddwch neb ? ’

‘ Esgusodwch fi, eich teilyngdod,’ meddai White yn frysiog, ‘ ond mae’r achwynwr, Amos John, yn tystiolaethu nad yw Morgan Probert yn ddiniwed o gwbwl. Sectari enbyd ydi o, yn mynychu cyrddau anghyfreithlon a hwyrach yn celu arfau . . .'

'Hwyrach, hwyrach !' meddai'r ail ynad yn ddiamynedd. 'Ble mae'ch prawf chi ? Does 'na brawf yn y byd yn y llythyr yma.'

'Gyda pharch, eich teilyngdod . . . fe allai'r cyfeiriadau 'ma at dywydd drwg, a haint ar y defaid, guddio rhyw ystyr arall . . .'

'Twt, White, mae'ch dychymyg chi'n crwydro'n ffolach nag unrhyw ddafad !'

'Dydi o ddim yn bosibl, syr, 'i fod o'n defnyddio iaith ddirgel ?'

Chwarddodd Mr Rowlands â difyrrwch gwirioneddol.

'Ai dyna ddiwedd y llythyr, Mr White ?' gofynnodd Mr Glynne.

'Nage, syr. Mae 'na hanes am ryw gi . . .' bu saib fel pe bai White yn craffu ar y llythyr . . . '. . . yn dwyn darn o gig . . .'

'Yn enw . . .! ' meddai'r ail ustus â llw.

'Mr Glynne,' ychwanegodd, 'wela' i ddim sail i'r gŵyn o gwbwl, ac rydw i'n cynnig ein bod yn ei gwrthod.'

Murmurai'r ynadon yn ddistaw. Toc :

'Rydym yn gwrthod y gŵyn. Gollyngwch y carcharor William Pugh.'

Disgynnodd baich oddi ar ysbryd Morus.

'Gan eich bod chi'n cytuno fod y llythyr yn ddiniwed, eich teilyngdodau, hwyrach y byddech chi mor garedig â'i ddychwelyd imi ?'

'Rwy'n gwrthwynebu, eich teilyngdodau . . .'

'O twt, White, rhowch o iddo fo, ddyn. Rydan ni wedi gwastraffu gormod o amser.'

A dyma'r ail ustus yn gadael y stafell yn frysiog, a braidd yn goch yn ei wyneb, a mynd yn gyflym i gyfeiriad y stryd a'i ginio. Fe'i dilynwyd gan yr ail swyddog, a bron ar unwaith gan Mr Rowlands a William Pugh. Cododd Mr Rowlands ei aeliau wrth weld Morus, ond ddywedodd o ddim, ac ni feiddiai Morus ei longyfarch. Gadawyd Mr Glynne, Mr White ac Amos John ar ôl yn y stafell, ac fe gafodd Morus gipolwg ar y tri'n closio at ei gilydd cyn iddo ddilyn Mr Rowlands at ddrws Neuadd y Sir.

Erbyn hyn roedd tyrfa fechan wedi ymgynnull wrth risiau'r neuadd. Er mor falch oedd Morus o ddianc i'r awyr agored o'r stafelloedd bygythiol a'u sawr o drosedd a chosb, gwingodd am funud wrth weld golwg gas ar y dorf. Y segur, y diafael a'r difeddwl, yn bennaf oll, a dynnwyd at ddrws y neuadd gan y si fod dau neu dri o Sentars wedi eu dwyn o flaen yr ynadon i'w holi mewn achos o deyrnfradwriaeth.

Cododd griddfan wrth iddyn nhw weld y ' troseddwyr ' yn mynd yn rhydd.

' Sentars ddiawl !' meddai rhywun. ' Taflwch nhw i lawr y grisia' !' Bu peth gwthio a hwpio. Caeodd Morus ei ddyrnau, yn barod i gwffio. Ond daliodd Mr Rowlands a William Pugh ar eu traed, ac aethant i lawr a chychwyn ar hyd Stryd y Jêl gan ddiystyru'r dorf. Gwelodd Morus â dychryn fod sawl llanc yn rhedeg at ymylon y Maes a phob un yn ei arfogi'i hun â charreg oddi ar y pentwr anferth o bridd a chreigiau o flaen y castell. Cadwodd yn glòs wrth Mr Rowlands. ' Brysiwch, syr !' meddai, ac fe gyflymodd ei athro ei gam.

Hyrddiwyd cawod o gerrig ar eu hôl. Roedd Morus wedi mentro edrych dros ei ysgwydd, a gweld bachgen yn anelu at Mr Rowlands. Cododd ei fraich yn reddfol a theimlo ergyd ar ei ysgwydd, a phryfed mân yn rhedeg i lawr ei fraich. Yr un munud, dyma Mr Rowlands yn cydio ynddo fo ac yn ei wthio o'i flaen.

Roedd y dref yn llawn o bobl a'r heol yn brysur.

Sgrechiodd gwraig mewn oed wrth weld ei basged yn neidio o'i gafael a'i nwyddau'n disgyn i ganol y baw. Cododd bloeddiadau o ddychryn a phrotest oddi wrth y gwŷr a'r gwragedd a oedd yn cerdded yn heddychlon ar hyd y stryd wrth weld y cerrig yn saethu trwy'u plith. Mewn dau funud roedden nhw'n rheng fygythiol yn tafodi'r llanciau ac yn galw'r gyfraith i lawr ar eu pennau.

Nid arhosodd Mr Rowlands a'i ffrindiau i weld diwedd y ffrae. Daethant yn ddiogel i'r Stryd Fawr. Rhuthrodd sawl un y ffordd groes iddyn nhw, wedi eu tynnu gan sŵn y gweiddi wrth ymyl Neuadd y Sir, ond nid edrychodd neb mwyach ar y ddau ddyn cyffredin eu golwg a'r bachgen gwelw wrth eu hochr.

Wrth lwc doedd y garreg ddim wedi torri asgwrn, ond roedd ysgwydd Morus yn bur boenus.

Yn naturiol, roedd Thomas a Nathan wedi mynd adref ers tro ar ddiwedd bore'r ysgol, gan adael eu cyfieithiadau o Cicero'n daclus ar fwrdd y stydi.

'Rŵan, Morus,' meddai Mr Rowlands yn llym yn Lladin. 'Beth oedd dy fwriad di wrth fynd ar fy ôl i ?'

Dim ateb, hwyrach am na wyddai Morus y geiriau priodol yn Lladin.

'Beth oedd gennyt ti,' ychwanegodd ei athro yn amyneddgar, 'a allasai fod o gymorth imi mewn cyfyngder ?'

Crychodd Morus ei wyneb mewn ymdrech i fynegi ei feddwl. Er ei fod o'n edrych yn smala i Lydia, roedd ei chalon yn gwaedu trosto fo, ac ni wyddai sut y gallai'i hewythr fod mor galed.

'Dau ddwrn, syr.'

'Felly. A beth arall ?'

Dyrchafodd Morus ei lygaid fel petai'n chwilio am yr ateb yn y nenfwd.

‘ Dau droed, syr.’ Credai Lydia ei fod o wedi cynnig yr ychwanegiad yma am ei fod o’n gwybod y Lladin am ‘ troed ’.

Ochneidiodd Mr Rowlands. ‘ Dydi’r rheiny o ddim gwerth, fachgen, heb rywbeth arall. Pwy oedd milwr mwyaf y cyfnod diweddar ?’

Synnwyd Morus gan y tro annisgwyl yn y sgwrs, ond atebodd ar unwaith : ‘ Oliver Cromwell.’

‘ Purion. A beth oedd sail llwyddiant byddin Cromwell ?’

Chwiliodd Morus y nenfwd drachefn. ‘ Gras Duw, syr.’

Daeth rhyw lewyrch i lygad Dewyrth Ellis. Doedd o ddim wedi disgwyl yr ateb, ond mewn eiliad roedd ei wedd mor sobr ag erioed. ‘ Ie . . . gras yn ei amlygu ei hun mewn disgyblaeth. Disgyblaeth, Morus ! Y milwr cyffredin yn ufudd i’w gapten, a’r capten i’w gyrnol, ac felly trwy’r rhengoedd i gyd. Wyt ti’n fy neall i ?’

‘ Ydw, syr.’

‘ Fe gefaist tithau orchymyn i aros yma a chyfieithu Cicero. Pe baet ti wedi anufuddhau fel yna i’th gapten ym myddin Cromwell, fe fuaset wedi cael dy saethu !’

Cochodd Morus. Gwasgodd ei wefusau ac edrych yn syth o’i flaen.

‘ Y mae cosb yn yr ysgol hefyd am anufudd-dod.’ Edrychodd Mr Rowlands at y gongl lle cedwid y wialen fedw.

Fedrai Lydia ddim dal. ‘ F’ewyrth, dydach chi ddim am chwipio Morus ! Dydi o ddim yn deg !’

‘ Lydia !’ meddai Modryb Kate.

‘ Wel,’ meddai Lydia, ‘ dydi o ddim.’

‘ O ydi,’ meddai Dewyrth Ellis, ‘ mae o’n deg. Wel, Morus,’ ychwanegodd yn Gymraeg, ‘ dwi’n gweld nad wyt ti ddim am weiddi *mea culpa*. Ond eto, fachgen, roeddet ti ar fai. Mae genn't ti fam a chwaer i feddwl amdanyn nhw ; ti fydd y penteulu yn fuan iawn. Fi fyddai'n gyfrifol pe baet ti wedi tynnu helynt yn dy ben. Ond mae'r gelyn wedi dy glwyfo di'n barod, ac mae hynny'n ddigon o gosb am dy drosedd.'

'Na, Morus,' meddai toc. 'Paid â meddwl fy mod i'n anniolchgar. Ond o hyn ymlaen . . . cymer bwyll. A gofala wneud y gwaith Lladin erbyn bore dydd Llun.'

Cyn i William Pugh a'i fab ddychwelyd i Glynnog, dywedodd wrth Mr Rowlands :

'O, Mr Rowlands, mi siarsiodd Morgan ab William fi i ddeud wrthoch chi 'i fod o wedi mesur ei eiriau'n ofalus yn hanes y ci.'

'"Wedi mesur ei eiriau'n ofalus yn hanes y ci",' meddai Dewyrth Ellis ar ôl swper. 'Be' oedd 'i ystyr o ? Gadewch inni edrych ar yr 'hanes' 'ma.' Ar ôl helyntion y dydd, a'r holl ymddiddan â theulu a chyfeillion ers i'r tri ddychwelyd yn ddiogel o Neuadd y Sir, dyma'r cyfle cyntaf i edrych ar y llythyr a oedd wedi achosi'r holl gynnwrf. Darllenodd :

'"Mae'r plant am imi adrodd hanes y ci ichi, a dyma fo :

"Môn yw ei enw, ci defaid da. Er chwilio Gwyrfai gyfan, ni chewch ei well ! Er nad yw'n ddifai. Rôg am gig ydi o. O ganlyniad, pan welodd ddarn o gig mochyn ar fwrdd ein cymdoges, cipiodd o. Anian ci ydi hynna. Arni hi roedd y bai. Ei osod o mewn lle cyfleus i'r ci a wnaeth hi. Y bil am y golled i'r wraig, chwe cheiniog. I'w chysuro am ei cholled.

"Wel, dyna ddigon am hanes y ci. Math. XIX. 30".'

'Wela' i ddim 'i fod o wedi mesur ei eiriau'n ofalus o gwbwl.' meddai Ellis Rowlands. 'Cawdel o stori ydi hon. Rhyfedd iddo beidio ag enwi'r gymdoges.'

‘ Brawddegau byrion iawn,’ meddai Modryb Kate.

‘ A dydi rhai ohonyn nhw ddim yn frawddega’ iawn,’ meddai Lydia. ‘ “Er nad yw’n ddifai”. Ac un frawddeg ydi’r ddwy olaf o ddifri’. Chlywais i ’rioed am gi o’r enw ‘ Môn ’ ’chwaith.’

‘ Peth od iddo ddefnyddio’r gair ‘ rôg ’,’ pendronodd Dewyrth Ellis. ‘ Mae ‘ rogue ’ yn air eitha’ cyffredin yn Saesneg, yn enwedig yng ngenau’r cyfreithwyr y dyddia’ yma. Ond fe ddisgwyliwn i i Morgan ddeud ‘ gwalch ’ neu ‘ cnaf ’. Beth ydi’r cyfeiriad ’ma sy gyno fo . . . Mathew XIX. 30 ?’ Meddyliodd am eiliad. ‘ Dwi’n credu fy mod i’n dechrau dallt . . . Lydia, wnei di chwilio am yr adnod, i wneud yn siŵr ?’

Darllenodd Lydia : ‘ Ond llawer o’r rhai blaenaf a fyddant yn olaf . . .’

‘ “. . . a’r rhai olaf yn flaenaf”. Dyna fo. Sawl plwy’ sydd ’na o Glynnog Fawr i Ben Llŷn ?’

Dyma’i wraig yn cyfrif : ‘ Clynnog, Llanaelhaearn, Llandwrog, Llangïan, Deneio, Aber-erch, Edern, Carngiwch, Llangybi, Llanarmon . . . deg.’

‘ Deg brawddeg yn ‘ hanes y ci ’. Pump o’r enwau’n dechrau efo ‘ Llan ’, ond y llythrennau *olaf* bron i gyd yn wahanol . . . *-og*, *-arn*, *-ian*, *-eio*, *-erch*, a’r gweddill. Rhowch inni edrych ar ddechrau’r brawddegau eto . . . y geiriau od ’na : *Môn*, *Rôg* . . . !

‘ Llanar*mon*, Llandw*rog* !’ meddai Lydia.

‘ “Wedi mesur ei eiriau’n ofalus”. B’le mae’r frawddeg am Glynnog ? “*O g*anlyniad, pan welodd ddarn o gig mochyn ar fwrdd ein cymdoges, cipiodd o”. Pedwar gair ar ddeg. Dyna oedd cyfrif William Pugh o’r ffyddloniaid yng Nghlynnog. A dyma ateb Morgan ab William i’r ymholiad am rif y saint ym mhlwyfi Gwyrfai, Llŷn ac Eifionydd ! Saith yn Llanarmon, wyth yn Aber-erch, ac felly ’mlaen.’

‘Gresyn,’ ochneidiodd toc, ‘fod y brawddegau mor fyr.’

Wedyn, chwarddodd.

‘Ond pwy fasai’n disgwyl i Morgan fod yn gymaint o *rôg* ?’

X RHYFELWYR

Yn naturiol, fe dynnodd yr helynt yn Neuadd y Sir beth sylw yn yr ardal, ac ymhen ychydig ddyddiau daeth Dewyrth Richard, Llanfair-is-gaer, i'w gweld. Roedd Richard Griffith, brawd Modryb Kate, yn ddyn mawr yn y sir, ac yn cael ei barchu'n gyffredinol oherwydd ei ffyddlondeb diysgog i'r diweddar frenin, Charles I.

Roedd ar Lydia dipyn o ofn ei hewythr, er ei fod o'n ddigon ffeind wrthi hi yn ei ffordd ei hun. Yn rhyfedd iawn, roedd yr hen gafalîr a Dewyrth Ellis yn ffrindiau go lew.

'Dyma ti wedi mynd benben â'r cyfreithwyr eto! Yn eno'r tad, ddyn, chef'ist ti ddim digon ar garchar ddeng mlynedd yn ôl?'

'Sut na faset ti, Richard, yn cadw gwell trefn ar dy gyfeillion yn Neuadd y Sir?' Jôc oedd hyn: doedd gan yr hen filwr fawr fwy i'w ddweud wrth gyfreithwyr nag a oedd gan Dewyrth Ellis ei hun.

'Sut na faset ti, Ellis, yn cadw gwell trefn ar y tacla' ffyrnig penboeth 'na yn Llŷn ac Eifionydd? Tra bo Piwritaniaid yn dal i gelu arfau, fydd dynion gonest ddim yn teimlo'n ddiogel.'

'Bu llawer blwyddyn ers i mi ryfela. Dwi wedi gadael y campau milwrol i aelodau eraill o'r teulu.'

'Hy!' chwyrnodd Richard Griffith. 'Na, o ddifri', Ellis, rwyt ti'n mynd yn rhy hen i wrthryfela.' Gostegodd ei lais. 'Mae o'n deud ar Kate, wyddost ti; dwi'n 'i gweld hi wedi gwaelu yn ei golwg yn ddiweddar, yn heneiddio o flaen 'i hamser.'

Bu Dewyrth Ellis yn ddistaw am funud. 'Be' fyddai dy gyngor di?'

‘ Dydi hi ddim yn rhy hwyr iti gydymffurfio, a rhoi’r gorau i gynnal y cyrddau anghyfreithlon ’ma . . . o, mi wn i dy hanes di. Mae pob un sy’n nofio yn erbyn y llanw’n gorfod newid ei gwrs, neu foddi.’

‘ Wyt ti’n meddwl y byddai gan Esgob Bangor fywoliaeth ar ’y nghyfer i ?’ meddai Dewyrth Ellis yn goeglyd.

‘ Dydw i ddim yn deud hynny . . . er bod arno ddigon o angen clerigwyr da. Ond o leiaf fe gaet drwydded i gadw ysgol. Fe gaet fyw mewn heddwch.’

Bu distawrwydd. Trawodd Richard Griffith y bwrdd â’i ddwrn. ‘ Pam wyt ti mor ’styfnig ?’

‘ Mi wn i am un arall ’styfnig,’ meddai Ellis Rowlands, ‘ ond mi fasa’n well gen i ’i alw fo’n ŵr triw. Pan wadodd bonedd mawr y sir ’ma’r brenin, fe ddaliodd o’n ffyddlon. Pan grynodd Gwydir, pan siglodd Glynllifon, fe safodd hwn. A dydi o mo’r dyn i ddeud wrtho’ i am newid ’y nghôt rŵan.’

Tro Richard Griffith oedd hi i fod yn ddistaw. ‘ Na,’ meddai toc, ‘ bu raid i minnau blygu yn y diwedd, o dan lywodraeth Cromwell.’

‘ Dim ond pan oedd achos y brenin wedi’i golli’n llwyr. Ond fydd hi byth felly ar achos fy Meistr i.’

‘ Rwyt ti’n bregethwr difai, Ellis, mi dd’weda’ i hynny,’ meddai’i frawd-yng-nghyfraith. ‘ Synnwn i ddim na chaet ti well hwyl ym mhulpud Llanbeblig na’r creadur sy yno ar hyn o bryd. Wela’ i yn fy myw sut na fedret ti gymodi ag Eglwys Loegr. Mi dd’wedaist ti ym 1661 dy fod ti’n ‘ conformable ’!’

‘ I’r Eglwys fel roedd hi wedi tyfu o dan Cromwell, fel roedden ni’r Piwritaniaid yn dymuno iddi fod, wedi ei phuro a’i diwygio ar batrwm yr Eglwys Fore. Rydw i’n parchu Eglwys Loegr. Edrych ar y llyfra’ ’ma, Richard!’ Dangosodd ei silff lyfrau. ‘ William Salesbury, William Morgan, Edmwnd Prys, John Davies o Fallwyd, Rhys

Prichard, George Herbert ! Be' fyddwn i heb y rhain ? Ond i dyngu nad oes gwir Eglwys heb esgobion, na gwir addoliad heb Lyfr Gweddi . . . allwn i ddim. Mi wn i i'r gwrthwyneb.'

Eisteddai'r ddau yn dawel ar ôl hynny, a dechrau siarad, yn ôl eu harfer, am ddynion mawr yr oes o'r blaen. Ni wyddai Lydia fawr am yr enwau a gyfododd yn y sgwrs—Syr John Owen, Vavasor Powell—ond roedd hi'n falch eu bod nhw wedi rhoi'r gorau i arthio ar ei gilydd.

' Rydan ni wedi gweld oes y cewri, Ellis, a byw i weld oes y *trimmers*.' *Trimmers* oedd y gair cyfoes am y bobl a oedd yn troi'u hwyliau byth a hefyd i bob gwynt mewn gwlad ac eglwys.

' Eitha' gwir, Richard. Ond rydw i'n gweld ambell beth yn fwy eglur rŵan nag yr oeddwn i yng nghanol y brwydro mawr, ddeuddeng mlynedd yn ôl a chyn hynny. Dwi'n gweld mai creadigaeth ddynol yw Unffurfiaeth, ac nid ewyllys Duw. Dydi'r Arglwydd ddim yn dymuno inni i gyd addoli yn yr un ffordd. Rydw i'n dallt yr hyn yr oedd Morgan Llwyd yn ei feddwl :

> Men's faces, voices, differ much ;
> saints are not all one size ;
> flowers in one garden vary too :
> let none monopolize.

Dyna genadwri'r oes, i'r Eglwys ac i ninnau'r Ymneilltuwyr : *Let none monopolize*.'

' Waeth imi heb â dadlau â thi,' meddai Richard Griffith fel y daeth ei chwaer i'r stafell, ' y Piwritan pengrwn penderfynol ! Ond mae'n well gen i ganwaith, Kate, dy fod ti wedi dewis 'i briodi o yn hytrach na rhyw gadach o *drimmer*.'

Ar adeg ffair gaeaf galwodd Morgan Probert o Glynnog, awdur y llythyr y bu cymaint o helynt yn ei gylch, ffermwr cryf a chanddo wyneb clên agored. Bu ymddiddan go hir rhyngddo ac Ellis Rowlands, ond dim ond y rhan olaf ohono, ar ôl eu pryd bwyd, a glywodd Lydia.

'Gwaethygu mae'r oes, Mr Rowlands,' meddai Morgan Probert, 'a'r erlid wedi mynd yn ffyrnicach. Be' sydd o'n blaenau ? Fydd gan y brenin ddim mab bellach, a'i olynydd o fydd ei frawd Jams, pabydd rhonc ! Be' ddaw o'r wlad wedyn ?'

'Un peth sy'n gysur imi, Morgan, a hynny ydi fod yna weddill bychan yng Ngwyrfai ac yn Llŷn ac Eifionydd yn dal yn ffyddlon er gwaethaf yr erlid. Mae'r Arglwydd yn ein puro yn y tân, ac fe erys yr aur coeth, beth bynnag a ddêl yn y dyfodol.'

'Rydan ni wedi tyfu'n frid go wydn 'ffordd acw, mae hynny'n siŵr. Ac os bydd tacla'r llywodraeth 'ma'n ceisio ymyrryd â ni, mi fyddan ni'n barod amdanyn nhw!'

'Be' wyt ti'n 'i feddwl ?' gofynnodd Dewyrth Ellis, â rhywbeth tebyg i bryder yn minio'i lais.

'Mi fyddan ni'n ymladd, syr. Mae 'na arfau o hyd wedi'u celu yn y wlad. Chi'ch hun a'n dysgodd ni mai rhywbeth rhwng y creadur a'i Dduw ydi crefydd, ac nad oes gan yr un bod dynol hawl i ddŵad rhwng y ddau. Dyna ydi rhyddid y Cristion, yntê ?—rhyddid gogoneddus meibion Duw. Mae gan ddyn hawl i ymladd dros ryddid cydwybod !'

'Oes, Morgan, ond nid ag arfau'r byd hwn. Beth bynnag sydd o'n blaenau, gobeithio na welan ni byth eto ymladd yn ein gwlad ein hunain, a Chymro'n tywallt gwaed ei gyd-wladwr!'

'Ond, Mr Rowlands, oes raid inni dderbyn y cyfan ganddyn nhw ? Mi ddaru chitha' ymladd pan gawsoch chi'ch cloi allan o eglwys Clynnog !'

‘ Ag arfau’r gyfraith.’

‘ Chawsoch chi ddim llawer o lwyddiant â’r rheiny, syr!’

‘ Eitha’ teg, Morgan, ond o leiaf fe ddaeth pawb i wybod mai’r erlidwyr, ac nid nyni, oedd yn torri’r gyfraith ac yn amharchu pethau Duw. Na, ’rhen gyfaill, mae’n rhaid inni dderbyn cyngor yr Apostol a ‘ cherddded mewn doethineb tuag at y rhai sydd y tu allan, am fod y dyddiau’n ddrwg ’.’ Ymhen eiliad ychwanegodd : ‘ Wyt ti’n meddwl fy mod i’n troi’n llwfrgi yn fy henaint ?’

‘ Ddeud’is i mo hynny, Mr Rowlands.’

‘ Chawn ni byth ddylanwad ar bobol os ydyn nhw’n dal i feddwl amdanon ni fel gwrthryfelwyr cas yn cynllwynio rhyfel arall.’

‘ Pa amddiffynfa sy gynnon ni, ’ta ?’

‘ Fe wyddost, Morgan, pwy ydi’r Amddiffynfa. A’r arfau ydi gweddi, darllen a myfyrio’r Ysgrythur, chwilio cydwybod, calonogi’n gilydd, magu’r plant yn y ffydd . . .’

‘ Ond roeddach chi’n edmygu Cromwell, syr !’

‘ Mae’r oes honno wedi mynd heibio. Ddaw ’na ’run Cromwell eto.’

‘ Rydach chi wedi cael eich erlid ers un mlynedd ar ddeg!’

‘ Fe ddisgwyliodd Duw wrthyf fi am amser maith. Fy lle inna’ ydi disgwyl wrtho yntau.’

Roedd rhai wythnosau wedi mynd heibio heb i neb dorri ar draws y cyrddau ar y Sul. Ond ni fedrai’r Ymneilltuwyr deimlo’n ddiogel ’chwaith.

Un noson roeddent i fod i ymgynnull yn nhŷ Mr Lawrence yng Nghaernarfon. Ychydig cyn amser y cwrdd, daeth Lowri, ei wyres, i dŷ Ellis Rowlands â’i gwynt yn ei dwrn.

‘ Mae Taid yn deud fod ’na ysbïwr yn gwylio’r tŷ !’

‘ Ydi o’n siŵr ?’

‘O ydi. Mae o’n ’nabod un o’r dynion.’ Roedd ei thaid wedi gosod ei thad a’i brawd i wylio ym mhob pen i’r stryd a rhybuddio’r ffyddloniaid fel y byddai’r rheiny’n cyrraedd.

Danfonwyd Lowri’n ôl at ei thaid, a Nan a Lydia at y gwahanol ffyrdd i mewn i’r dref i gyfarfod â’r aelodau ar eu ffordd i’r cwrdd i egluro’r sefyllfa iddynt. Cynhaliwyd y gwasanaeth mewn llecyn yn y coed, y tu draw i Stryd Priciau Saethu, er gwaethaf popeth.

Ar noson arall cafodd yr addolwyr ddihangfa go enbyd. Daeth swyddogion y gyfraith i’r man cyfarfod—tŷ yn Llanbeblig—wedi i’r cwrdd derfynu, pan oedd yr addolwyr wedi gwasgaru.

‘Mae arna’ i ofn, Lydia, fod un o blant yr ysgol yn ysbïwr.’

‘Ond f’ewyrth . . .’ Gwyddai Lydia oddi wrth wyneb Dewyrth Ellis ei fod o’n bur sicr o’i bethau. ‘Sut y gwyddoch chi ?’

‘Mae dy fodryb a fi wedi trafod y peth yn fanwl. Wedi ystyried sawl digwyddiad yn ofalus, rydan ni’n credu mai rhywun yn y tŷ ’ma sy’n gyfrifol.’

Bu Lydia’n ddistaw am funud. ‘Wyddoch chi . . . wyddoch chi pwy ydi o ?’

‘Allwn ni ddim bod yn siŵr.’

‘Ond . . . rydach chi’n amau rhywun ?’

Atebodd ei hewythr yn gyndyn : ‘Ydan. Ond does gynnon ni ddim prawf. Fydda’ hi ddim yn deg inni grybwyll enw wrthyt ti. Fe wyddom ddigon i gymryd mwy o ofal o hyn ymlaen.’

XI ARHOLIAD

Un pnawn Sadwrn, galwodd ewythr arall a modryb i Lydia yn nhŷ Ellis Rowlands : Modryb Mary, chwaer ieuengaf Modryb Kate, a'i gŵr, Edward Wynne. Roedden nhw wedi bod yn aros yng Nghlynnog Fawr efo Mr a Mrs Lloyd, a galw heibio roedden nhw ar eu ffordd i weld Dewyrth Richard yn Llanfair-is-gaer. Cyfododd tipyn o gyffro yn y stryd wrth i'r cymdogion sylwi ar eu coets newydd grand.

'O, mae'r dre' 'ma'n drewi!' cwynodd Modryb Mary. 'A chardotwyr ym mhob man, a moch yn crwydro drwy'r strydoedd ! 'Choelia' i byth nad ydi hi wedi dirywio'n ofnadwy er pan oeddan ni'n blant, Catherine.'

'Ydi, mae pawb yn cyd-weld 'i bod hi wedi dirywio o'r hyn oedd hi'n gynnar yn y ganrif,' cytunodd Modryb Kate.

Edrychodd Lydia â diddordeb ar yr ymwelwyr tra oedden nhw'n sgwrsio am eu teulu a'u taith o Ddyffryn Ardudwy. Gan nad oedd hi ddim wedi eu gweld ers blynyddoedd, a chan mai ychydig a gofiai amdanyn nhw, teimlai'n swil yn eu presenoldeb. Pobl olygus oedden nhw, mewn dillad costus, a chanddynt blu yn eu hetiau a les wrth eu gyddfau ; roedd gwallt Modryb Mary'n ddigon modrwyog i blesio Henrietta hyd yn oed. Edrychai'r ddau braidd yn ddieithr ac yn anghyfforddus yn y parlwr, mae'n debyg am ei fod mor wahanol i'w cartref nhw, Plas Taltreuddyn. Ynganodd Lydia yr enw yn ei meddwl, er mwyn gallu cyfeirio'n ysgafn wrth Henrietta fore Llun at 'f'ewyrth Edward Wynne, o Blas Taltreuddyn'. Neidiodd wrth sylweddoli fod Modryb Mary'n dal sylw arni :

‘ A dyma Lydia, wedi tyfu’n eneth fawr. Tair ar ddeg ? Bobol annwyl, on’d ydi’r blynyddoedd yn mynd heibio’n sydyn ?’

Y munud nesa’, roedd hi wedi mynd ymlaen at rywbeth arall, a bu sgwrs fawr drachefn am deulu a hen ffrindiau rhyngddi hi, ei gŵr a Modryb Kate. Gadawyd Lydia a Dewyrth Ellis ar ymylon yr ymddiddan. Gwrthododd yr ymwelwyr luniaeth.

‘ Llyma’d o win, o leiaf,’ meddai Modryb Kate. ‘ Lydia, ’nghariad i, dos i nôl gwin a theisennau.’

Wrth ufuddhau, clywodd Lydia Modryb Mary’n gofyn: ‘ Rwyt ti’n cadw morynion, wrth gwrs ?’

‘ Ddim ar hyn o bryd. Pan fydd yr ysgol wedi cynyddu, rydw i’n gobeithio . . . ’

‘ Dim un ? Ond sut rwyt ti’n dod i ben ?’

‘ Mae Lydia’n gymorth mawr imi,’ atebodd Modryb Kate yn dawel. ‘ Rydan ni’n gneud trwy’n gilydd.’

Pan ddaeth hi’n ôl i’r parlwr, gofynnodd Modryb Mary’n rasusol :

‘ Wel, blentyn, wyt ti’n sgolor go dda ?’

Llefarodd Dewyrth Ellis o’r diwedd. ‘ Gyda’r gorau. Mae Lydia’n darllen ac yn ysgrifennu’n rhwydd yn Gymraeg a Saesneg yn ogystal â pheth Ffrangeg a Lladin . . .’

‘ Lladin !’ meddai Dewyrth Edward.

‘ . . . ac mae hi’n fathemategydd difai.’

‘ Dos i nôl dy lyfrau, Lydia, er mwyn i’th ewyrth a’th fodryb gael ’u gweld nhw . . . a dy frodwaith.’

Archwiliodd Modryb Mary y cyfan yn ofalus. ‘ Mi fydda’ i’n hoffi gweld llawysgrifen ddel !’

‘Rydw i’n cyd-weld â chi !’ meddai Dewyrth Ellis yn wresog. ‘ Does ’na’r un addurn yn gweddu’n well i ferch na’r gelfyddyd o ysgrifennu’n gain.’

‘ Ydach chi’n gallu gweithio heb batrwm ?’ gofynnodd Modryb Mary wrth archwilio’r brodwaith.

‘ Wel, dwi’n *dechrau* gwnïo heb batrwm,’ meddai Lydia, gan wrido braidd wrth edrych i gyfeiriad Dewyrth Ellis. ‘ Fi fy hun a ddyfeisiodd y llun ar y pwrs ’ma.’

Nid oedd yr arholiad ond megis yn dechrau. Gan fod Modryb Mary’n ymddiddori cymaint yn ei haddysg, bu raid i Lydia ddarllen o’r Beibl yn Gymraeg ac yn Saesneg, adrodd salm yng nghyfieithiad Edmwnd Prys a darn cynnar gan Milton, a chanu alaw gan Dowland i’w hunan-gyfeiliant ar y liwt. Gofynnodd Dewyrth Ellis iddi gyfieithu allan o *De Bello Gallico* hefyd, ond dylyfodd Dewyrth Edward ei ên wrth wrando ar hyn, er mawr ryddhad i Lydia, ac ni fu angen iddi wneud llawer ohono.

Er bod Lydia’n ddigon hoff o ddangos ei doniau, roedd hyn i gyd yn dasg go drom ar bnawn Sadwrn. Ond fel hyn yr arferai’r bobol mewn oed boenydio plant tlawd, a derbyniai Lydia’r cyfan heb fwy na’i dicter arferol wrth fyfyrio ar anghyfiawnder bywyd.

‘ Wel, wir,’ meddai Modryb Mary, ‘ mae’n rhaid imi gyfadde’ dy fod ti mor abl a medrus ag unrhyw eneth o dras fonheddig !”

Gwenodd Modryb Kate a Dewyrth Ellis, ac roedd Lydia’n falch o’r ganmoliaeth. Hwyrach iddynt gael eu siomi pan ychwanegodd Modryb Mary : ‘ Does dim angen i dy deulu di deimlo c’wilydd ohonot ti.’

‘ Un flaenllaw fu Lydia erioed,’ meddai Dewyrth Ellis yn llon. ‘ Wyddoch chi, pan oedd hi’n dair oed, roedd hi’n cyfansoddi rhigymau bach ac yn eu canu nhw, on’d oedd, Kate ? Roedd hi’n darllen yn bedair ! Ac roedd ganddi stori faith am eneth fach yn byw yn y coed . . .’

Ond doedd gan Modryb Mary ddim diddordeb yng ngorchestion Lydia yn blentyn bach. ‘ Wyt ti’n medru dawnsio?' Ysgydwodd Lydia ei phen, gan feddwl am wersi dawnsio Henrietta, gyda meistr o Lundain. 'Ta waeth . . . rwyt ti'n symud yn osgeiddig, ac mae genn't ti ddigon o amser i ddysgu. Ac mae hi'n siarad yn weddol dda,' sylwodd wrth ei gŵr, 'er bod ganddi dipyn o acen drwynol y dre' 'ma. Catherine . . . ' gorffennodd â pheswch bach.

'Lydia,' meddai Modryb Kate, 'mae Huw bach ar 'i ben 'i hun yn yr ardd, on'd ydi? Dwi'n siŵr y gwnaiff dy fodryb a'th ewyrth dy esgusodi di os ei di i gadw cwmni iddo fo am dipyn. Un o blant bach yr ysgol,' eglurodd, 'sy'n lletya gyda ni. Mae gennym ddau letywr chwech oed, ond mae'r llall gartre' dros y Sul . . .'

'Lletywyr? Catherine, a oes angen y rheiny arnat?'

'Rydan ni'n gwneud cymwynas â'r rhieni, gan fod cartrefi'r plant mor bell. Ac rydan ni'n hoff o'r ddau fach. Mae Lydia'n 'u trin nhw'n dda, ac yn gysur mawr inni.'

'Wrth gwrs, gan nad yw'r Arglwydd wedi gweld yn dda i'ch bendithio â'ch plant eich hunain . . .'

Roedd Huw druan yn chwarae'n ddiysbryd yn yr ardd gefn â'i bêl a'i dop. Fe fyddai Sam yn yr un sefyllfa wedi chwilio am ddireidi, ond hogyn bach tawel oedd Huw. Gloywodd wrth weld Lydia, a bu'r ddau'n chwarae pêl am dipyn. Toc, aeth Lydia'n ôl i'r parlwr a gofyn am ganiatâd i fynd â fo allan am dro.

Roedd yr oedolion wedi newid, rhywsut. Eisteddai'r pedwar yn ddistaw ac yn anesmwyth. Meddai Dewyrth Ellis:

'Syniad ardderchog. Hwyrach mai difai peth fyddai i minnau ddod efo chi, er mwyn rhoi cyfle i'r ddwy chwaer 'ma gael sgwrs . . . os gwnewch chi f'esgusodi?' meddai wrth yr ymwelwyr.

'Ellis, does dim angen . . .' meddai Modryb Kate.

‘ Na, na, chwara’ teg : dydach chi ddim yn cwrdd yn amal.’

Disgwyliodd Lydia i Dewyrth Edward gynnig dod allan am dro hefyd, ond wnaeth o ddim. Pwniodd Modryb Mary o, ac fe roddodd rôt i Lydia i brynu fferins iddi hi a’r bychan. Roedd hyn yn arian da iddi hi, ac fe aeth allan yn llawen i nôl Huw.

‘ *Huzza* !’ meddai hwnnw, a dyma’r tri’n ffarwelio â’r teulu am ysbaid ac yn mynd allan i’r awyr iach, y plant yn eu hwyliau gorau.

Ar brynhawn Sadwrn braf ym mis Chwefror roedd y dref yn llawn o bobl, a phawb bron yn edrych yn siriol wrth weld heulwen ar ôl y gaeaf hir. Aethant i brynu fferins ar unwaith, ac wedyn drwy’r Porth Mawr ac yn syth ar draws y dref i gyfeiriad Porth-yr-aur. Aeth Huw â herc a cham a naid, gan gnoi melysion a sylwi ar bopeth : y siopau â’u nwyddau a’u gwahanol aroglau, y gwragedd o’r wlad â’u basgedi mawr, y ceffylau a’u marchogion, y plant carpiog yn cardota, ac yn bennaf oll y mochyn a ruthrodd heibio, wedi dianc o rywle, gan ddweud ‘ ych, ych !’ yn union fel yr un yn y llyfr darllen.

‘ Lydia, ’ngeneth i, roeddat ti’n wych !’ meddai Dewyrth Ellis.

‘ Wnes i’n o lew, f’ewyrth ?’ gofynnodd hithau, a gwrido gan bleser wrth glywed cymeradwyaeth mor gynnes.

‘ Roeddan ni’n falch ohonot ti. Wn i ddim am dy gyfnitherod di, merched Plas Taltreuddyn, ond nid llawer o enethod o’th oed fedr dy guro di.’

‘ Faint ydi oed merched Modryb Mary ?’

‘ O, mae’r ddwy hyna’n ferched ifainc. Bechgyn ydi’r ddau leia’.’

Wrth iddyn nhw fynd ar hyd y stryd, cododd Dewyrth Ellis ei het i sawl un, ac fel arfer roedden nhw’n ei gyfarch yn ôl yn garedig gan wenu. Sylweddolodd Lydia o'r newydd fod ei hewythr yn ddyn clên cymdeithasgar, er ei fod o'n byw mor ddistaw a di-nod.

Pan ddaethant allan drwy Borth-yr-aur ac edrych dros y dŵr at Sir Fôn, roedd Huw wrth ei fodd yn gweld y gwynt yn gyrru'r cymylau gwynion ar draws yr awyr las ac yn gwneud i'r tonnau mân ddawnsio a sgleinio fel arian byw. Holodd am y llongau, a dyma Dewyrth Ellis yn dweud tipyn o'u hanes gan eu galw wrth eu henwau. Cofiodd Lydia fel roedd ewythr Morus wedi mynd â'r ddau am dro mewn cwch un diwrnod braf yn yr hydref, ac fel roedd Morus wedi sgrifennu ei henw yn y tywod mewn llythrennau Groegaidd. Dyma ddweud yr hanes wrth ei hewythr.

'Wnaeth Morus hynny ? Chwarae teg iddo fo ! Mae Morus wedi magu tipyn o hyder yn ddiweddar !'

'A dyma finna'n gofyn iddo sgwennu ei enw'i hun 'run fath. Ond wnâi o ddim, a dyma fi'n edliw iddo fo na wyddai beth oedd y ffurf Roegaidd ar ei enw fo.'

'Be' oedd 'i ymateb o i hynny ?'

'Troi'n goch, a deud, "Nid enw Groegaidd ydi Morus, y gwirion !" ' Nid ychwanegodd Lydia ei bod hi wedi pryfocio Morus am ei dymer ddrwg, gan ddweud, 'Disgyblaeth, Morus . . . *disciplina, Mauritie* !' a dynwared ei hewythr mor naturiol nes y bu raid i Morus chwerthin.

'Ydach chi'n cofio'r diwrnod hwnnw pan aethon ni i Fiwmares mewn cwch, f'ewyrth ? Doedd hi'n braf ?' Biwmares oedd tref enedigol Dewyrth Ellis, ac yno'r oedd ei deulu'n byw o hyd, ac roedd o'n hoff iawn o'r lle. 'Gadewch inni fynd eto'r haf 'ma.'

Er syndod braidd iddi, ddywedodd o ddim, ac fe ddaeth rhyw gysgod dros ei wedd. Ond y munud nesa', dyma fo'n dangos i Huw sut i chwipio'r top a gwneud iddo droi fel mwg nes roedd y lliwiau i gyd yn chwyrlïo mewn cylchau. O'r diwedd fe ddechreuodd Huw ddysgu'r tric.

Roedd pawb yn gyndyn i droi o olwg y dŵr, ond doedd wiw iddyn nhw aros allan yn hir a gadael y gwesteion.

Gan fod Dewyrth Edward wedi cymryd cyn lleied o ran yn y sgwrs cyn iddyn nhw fynd allan, synnodd Lydia braidd wrth glywed ei lais wedi'i godi'n uchel fel roedden nhw'n dringo'r grisiau i'r parlwr preifat.

'. . . ffordd o fyw mor annheilwng o'i theulu !' clywodd. Ond pan aeth hi a'i hewythr i mewn, roedd distawrwydd llethol.

Eisteddai Modryb Kate â'i gruddiau'n gochion, arwydd ei bod hi wedi cynhyrfu, a disgleiriai'i llygaid. Chwaraeai Modryb Mary'n nerfus â'i menyg. Tynnai Dewyrth Edward ar ei fwstás ffasiynol.

Gwenodd Modryb Mary ar unwaith a holi am yr hyn a wnaethant yn y dref. Toc, meddai Dewyrth Ellis :

' Dwi'n credu fod eisiau bwyd ar Lydia a Huw ar ôl bod yn yr awyr iach ar y cei.'

'Debyg iawn,' atebodd Modryb Kate yn frysiog. 'Lydia, be' am iti fynd i wneud swper i ti a Huw ? Mae 'na gig oer. Mary, pam na chymeri di ac Edward bryd gyda ni ?'

' Na, na. Mae Richard yn ein disgwyl ni i swper.'

Erbyn hyn roedd Lydia'n dechrau teimlo'n bur bryderus, ond gwnaeth gwrtsi ac ufuddhau.

Darparodd swper iddi'i hun a Huw yn y gegin, a dweud gras bwyd allan o lyfr y Ficer Prichard. Bwytaodd y bychan yn iach a sgwrsio mwy nag arfer ; iddo fo roedd pryd heb oedolion yn wledd. Gwnaeth Lydia iddo fo adrodd gras bwyd ar ddiwedd swper.

Wedi clirio'r bwrdd a darllen tipyn efo Huw yng ngolau'r gannwyll, dechreuodd ei baratoi am ei wely.

Toc, aeth â fo yn ei grys nos, wedi ei 'molchi'n lân, i ddweud ' nos dawch ' wrth bawb a diolch am y fferins. Fe wnaeth Huw hynny yn ddymunol a phlesio hyd yn oed yr ymwelwyr.

Gwrandawodd Lydia arno'n dweud ei bader, a phan oedd yn ei wely adroddodd stori wrtho am y tylwyth teg yn Llanberis, er y buasai Modryb Kate wedi condemnio hyn fel oferedd. Ond roedd Huw'n gwrando'n dda, ac yn ddiddig ar y diwedd.

' Dyro sws imi, Lydia,' murmurodd.

' Nos dawch, Huw.'

' 'Stawch.' Aeth i gysgu ar unwaith.

Clywodd Lydia lais uchel Dewyrth Edward o'r parlwr cyfagos, ac wrth iddi fynd at y drws, clywodd y geiriau : '. . . gweinidog heb eglwys, ac athro heb ysgol !'

Roedd distawrwydd eto wrth iddi fynd i mewn. Ond dyma Modryb Mary yn ei chroesawu hi â gwên.

' Tyrd yma, Lydia,' meddai, a gwneud lle iddi ar y fainc wrth ei hochr. ' Lydia, wyt ti'n licio byw yn y dre' 'ma ?'

Gwelodd Lydia ar unwaith fod 'na arwyddocâd go arbennig i'r cwestiwn diniwed 'ma. Edrychodd ar Modryb Kate a Dewyrth Ellis am gyfarwyddyd. Ond syllai'r ddau yn syth o'u blaenau, heb gynnig arweiniad o gwbl. Wrth gofio fel roedd Modryb Kate wedi egluro iddi fod rhaid iddyn nhw fyw yng Nghaernarfon, teimlodd Lydia nad oedd ganddi hithau 'chwaith ddim dewis.

' O ydw,' meddai.

Nid oedd Modryb Mary'n hoffi'r ateb, hwyrach am ei bod hi'n casáu cymaint ar y dref. Ond aeth ymlaen â'i gwên hudolus :

' Dywed imi, sut faset ti'n hoffi dod i fyw aton ni ym Mhlas Taltreuddyn ?'

Fe aeth hyn â gwynt Lydia. Edrychodd yn betrusgar

ar Modryb Mary a'i gwên annwyl. Bu bron iddi ofyn : 'Ydach chi o ddifri' ?' Roedd pobol yn smalio'n wirion efo plant weithiau. Ond wrth weld Modryb Kate a Dewyrth Ellis yn eistedd mor llonydd â'u pennau i lawr, ni allai amau difrifoldeb y cwestiwn.

'Gadael Modryb Kate a Dewyrth Ellis ?' gofynnodd.

Gwyddai ar unwaith ei bod hi wedi troseddu yn erbyn ei hewythr a'i modryb o Ardudwy.

'Lydia,' meddai Modryb Kate yn bwyllog, 'mae hwn yn gynnig haelionus iawn. Mae dy fodryb a'th ewyrth yn rhoi cyfle iti fod yn aelod o'u teulu nhw, a chael yr holl fanteision o fyw ym Mhlas Taltreuddyn. Mi ddylet fod yn ddiolchgar iawn iddyn nhw.'

Wrth glywed y cerydd yn ei llais, cododd Lydia a gwneud cwrtsi dwfn. Daeth geiriau o ddiolch i'w meddwl. Ond ni fedrai eu llefaru.

'Modryb Kate,' meddai o'r diwedd, 'oes arnoch *chi* eisio imi fynd?' Er cywilydd iddi, crynodd ei llais.

'Ti sydd i ddewis. Rwyt ti wedi cael dy ben-blwydd yn dair ar ddeg oed, ac yn ddigon call a chyfrifol i benderfynu drosot dy hun.'

'Mi fuasai dy gyfnitherod yn falch o'th gwmni, ac rydw i'n sicr y buaset ti'n hoffi dy ddau gefnder bach,' meddai Modryb Mary.

'O baswn. Dwi'n ddiolchgar iawn, iawn. Rydach chi'n ffeind ofnadwy. Ond doeddwn i ddim wedi disgwyl . . . Oes raid imi benderfynu heno ?'

'Beth ydi'r anhawster ?' gofynnodd Dewyrth Edward yn oeraidd.

'Chwara' teg iddi, Edward,' meddai'i wraig, 'mi ddylem roi amser i'r eneth ystyried. Peth go fawr ydi newid cartra' a newid byd. Mi wnawn ni alw eto ar ein ffordd yn ôl o Lanfair-is-gaer wythnos nesa' : dyna fyddai'r peth gora'.'

‘ O, diolch yn fawr, Modryb Mary!’ Siaradodd Lydia o’i chalon y tro yma.

‘ Ie, dyna fyddai orau,’ meddai Modryb Kate. ‘ Ac mi wna’ innau’r hyn sydd yn fy ngallu i ddangos i Lydia mor fanteisiol iddi fyddai mynd i fyw atoch yn Nyffryn Ardudwy.’

Ni ddywedodd Dewyrth Ellis ddim.

‘ Ond er dy les dy hun . . .’ meddai Modryb Kate unwaith eto y bore drannoeth.

Edrychodd Lydia ar y ddau. Ni allodd beidio â sylwi, y diwrnod cynt, eu bod nhw’n ganol oed a thlodaidd a diolwg wrth ochr eu perthnasau o Ddyffryn Ardudwy. Y bore ’ma roedden nhw’n edrych yn hŷn ac yn fwy blinedig nag erioed ; doedd neb yn y tŷ ond Huw wedi cysgu’n sownd y noson honno.

Ysgydwodd ei phen yn fud.

‘ Mi fyddai dy fywyd di’n esmwythach o lawer. Yma, rwyt ti’n gorfod gweithio o fore tan nos. Gallai rhai pobol ddweud nad wyt ti ddim gwell na morwyn fach . . .’

‘ Fasa’ hynny ddim yn wir !’ meddai Lydia’n ffyrnig. ‘ Dwi’n cael cyfrifoldeb ac rydw i’n ’i hoffi o.’ Doedd hi ddim yn hoffi nôl dŵr a rhedeg negesau a gwneud gwaith tŷ a dioddef balchder snobyddlyd Henrietta a’i bath. Ond roedd ’na bethau eraill yr oedd hi’n eu mwynhau yn fawr iawn . . . yn bennaf oll ei rhan yng ngwaith yr ysgol. Ganol y nos a hithau’n methu cysgu, gwelsai bopeth yn glir. Roedd un rhan ohoni yn cyfaddef mor ddifyr fyddai dianc o gaethiwed y dref a’r byw caled mewn stryd gyffredin i blasty mewn ardal wledig hardd. ‘ Plas Taltreuddyn yn Nyffryn Ardudwy ’. . . roedd yr enw fel cân. A dyna bleser fyddai cael dweud wrth Henrietta, ‘ Dwi’n mynd odd’ma i fyw at f’ewyrth Edward Wynne ym Mhlas Taltreuddyn, Dyffryn Ardudwy.’

Ond hwyrach mai caeth fyddai hi yno, hefyd, ac yn forwyn fach i'w theulu newydd. Dychmygai'i chyfnitherod fel rhyw chwiorydd hŷn i Henrietta. Roedd Mr a Mrs Wynne wedi gofalu sicrhau fod ganddi ddigon o addysg i fod yn ddefnyddiol yn eu cylch nhw.

'Mi fasa' arna' i hiraeth ofnadwy am 'y nghartre' !'

'Ar y dechrau, hwyrach. Ond mi faset ti'n dygymod yn fuan, fel y mae rhywun ifanc. Plas Taltreuddyn fasa' dy gartra' di wedyn, 'y nghariad i.'

'Sut y galla' fo fod, a chitha' yn fan'ma ?'

Bu Modryb Kate yn ddistaw am funud. Ymdrechodd drachefn : 'Mi fyddi di'n ferch ifanc cyn bo hir. Peth gwerthfawr iawn iti, bryd hynny, fyddai bod o dan nawdd Modryb Mary a Dewyrth Edward. Mi fasai genn't ti well gobaith o ddod o hyd i ŵr mewn amgylchiadau cysurus.'

Ystyriodd Lydia hyn. 'Ond mae gan Modryb Mary ferched 'i hun. Y nhw fasai'n cael y cynigion gora'.'

Chwarddodd Dewyrth Ellis o'r diwedd. Ond ar unwaith dyma fo'n sobri. 'Lydia, mae dy fodryb a fi wedi trafod y sefyllfa'n ofalus iawn.' Edrychodd Lydia arno fo'n bryderus. 'Y gwir ydi hyn : rydan ni'n byw yn galed, ac yn byw o dan gwmwl. Ansicir iawn ydi'r dyfodol. Mae arnon ni eisiau i ti fod yn ddiogel ac yn ddedwydd.'

Rhythodd Lydia arno. Llosgodd ei llygaid yn sydyn â dagrau o ddicter. Pam yr oedd y ddau'n mynnu bod mor ddall ac mor ddwl? Roedd ganddyn nhw fil mwy i'w gynnig iddi nag a oedd gan Modryb Mary a'i gŵr, pethau pwysicach na diogelwch a dedwyddwch, er na wyddai sut i roi enwau iddyn nhw. 'Eisio cael 'madael â mi sy arnoch chi !'

Pwysodd Modryb Kate ei dwrn yn erbyn ei cheg, rhwng chwerthin ac wylo. 'O Lydia, paid â bod yn blentynnaidd !' meddai, ond doedd 'na ddim cerydd yn ei llais.

'Rydach chi fel tad a mam imi, ac ni allan nhw byth fod yn hynny.'

'Ac,' ychwanegodd Lydia toc, 'fe ŵyr pawb fod Caernarfon yn fwy gwaraidd na Dyffryn Ardudwy.'

Yn naturiol, derbyniodd Mr a Mrs Wynne ei phenderfyniad â syndod a siom. Diystyrodd Dewyrth Edward ei haraith fach boléit, gan gyfeirio at 'anniolchgarwch' a 'dylanwadau drwg'.

'Gallaf eich sicrhau chi, Edward,' meddai Modryb Kate, yn dalsyth iawn, â'r fath wrid yn ei bochau a fflach yn ei llygaid nes iddi edrych bron mor ifanc a glandeg â Modryb Mary, 'rydan ni'n dau wedi ymdrechu i ddangos i Lydia pa mor fuddiol iddi fyddai derbyn eich cynnig hael. Ond peth mawr i eneth ifanc ydi gadael yr hen gynefin.'

'Gobeithio na fydd hi ddim yn difaru am hyn ryw dro,' meddai Modryb Mary. 'Mi fyddaf yn teimlo'n bryderus iawn yn 'i chylch hi, ac yn gweddïo drosti . . . am ei chysur corfforol a'i lles ysbrydol.'

'Dydw i ddim yn cofio,' meddai Modryb Kate, â min anghyffredin i'w llais, 'iti boeni rhyw lawer am ei chysur corfforol na'i lles ysbrydol pan adawyd hi'n amddifad, ddeng mlynedd yn ôl.'

Wrth gwrs, bu raid i Lydia gael brolio rhyw 'chydig wrth ei chyfeillion am gynnig ei pherthnasau o Blas Taltreuddyn.

'Dwi'n falch dy fod ti wedi gwrthod, Lydia,' meddai Siwsi, gan wasgu'i braich a gwenu'n addfwyn. 'Mi fasa'n rhyfedd yn yr ysgol hebot ti. Ac mi fasa' gan y plant bach hiraeth ofnadwy ar dy ôl di.'

Cytunodd Lowri a Sali, ac roedd Lydia'n sicrach nag erioed ei bod hi wedi dewis yn iawn. Oedd, roedd hi'n hapus yn yr ysgol. Ond roedd ei hewythr a'i modryb o Ddyffryn Ardudwy wedi dangos iddi drachefn mor chwerw oedd y rhagfarn yn erbyn y Sentars, a Dewyrth Ellis yn arbennig. Pa ddyfodol oedd i'r ysgol mewn oes fel hon?

XII AMHEUON

Nid Lydia oedd yr unig un i bendroni am y dyfodol. Gofynnodd Mr Rowlands i Morus ryw ddiwrnod ar ôl yr ysgol : ' Wyt ti wedi meddwl be' wyt ti am fod wedi iti dyfu'n ddyn ?'

' Ydw, syr. Meddyg.'

' Hm. Galwedigaeth deilwng iawn.'

Cochodd Morus braidd wrth weld fod ei ateb pendant wedi peri peth syndod i'w athro. ' Hynny ydi, syr, os ydach chi'n meddwl fy mod i'n ddigon galluog.'

' Rwyt ti'n weithiwr da ac yn barod i ddysgu. Ac mae'r gallu a'r bersonoliaeth genn't ti i fod yn feddyg rhagorol. Cofia fod rhaid i ffisigwr gael trwydded, ond â'r fath brinder o feddygon dydi'r awdurdodau ddim am wrthod neb a chanddo'r cymwysterau. Fe wyddost, wrth reswm, fod 'na rwystrau ynghylch cwrs prifysgol.'

' Mi wn, syr, na cha' i radd o Rydychen na Chaergrawnt am fy mod i'n Sentar.'

' Hwyrach y byddi di'n meddwl yn wahanol ymhen ychydig flynyddoedd.'

' Na fyddaf, syr. Rydw i wedi cael sgwrs â Mr Ifans y drygist, ac mae o'n deud na ddysgodd neb fawr am feddygaeth yn Rhydychen na Chaergrawnt erioed, ac mai'r unig ffordd ydi gweithio fel prentis i feddyg. A phan fydda' i'n ddigon hen mi af i Brifysgol Leiden.'

Rhyfeddodd Mr Rowlands at sicrwydd tawel Morus. Roedd y bachgen wedi aeddfedu'n hynod yn ddiweddar.

' Wel, mi fyddi di ymhlith Protestaniaid, a chei di ddim anhawster ynglŷn ag iaith yn y brifysgol . . . fe fydd pawb yn siarad Lladin yno. Ond fe fydd yn gostus, 'y ngwas i.'

‘ Mi fedraf fy nghynnal fy hun rywsut . . . trwy ddysgu Saesneg, ella,’ mentrodd Morus.

‘ Wel . . . os byddi di wedi gweithio i wella dy Saesneg erbyn hynny ! Ond rwyt ti’n gweld dy ffordd, a dyna sydd o bwys.’

‘ Pnawn da, syr,’ meddai Morus, â’i law ar ddwrn drws y stydi. Diwedd pnawn oedd hi, a’r tŷ’n ddistaw ar ôl i bawb arall fynd adref.

‘ Pnawn da, Morus.’

Wrth gau’r drws o’i ôl fe gafodd Morus yr argraff ryfedd fod rhywun yn sefyll y tu allan i’r stydi eiliad ynghynt. Ond doedd yna neb yn y golwg rŵan, na dim i’w glywed ond lleisiau pell Robin a Huw yn chwarae yn yr ardd gefn. Heb wybod pam, teimlai wreiddiau’r gwallt ar ei war yn cosi.

Agorwyd drws y gegin a dyma Lydia’n dod i’r cyntedd ag ysgubell yn ei llaw. Aeth Morus ati.

‘ Lydia !’ Gostegodd ei lais. ‘ Est ti heibio i’r stydi funud yn ôl ?’

‘ Naddo siŵr.’ Edrychodd Lydia arno mewn syndod. ‘ Yn y gegin roeddwn i.’

‘ Aros wnes i i gael sgwrs â Mr Rowlands, ac wrth imi ddod o’r stydi roeddwn i’n meddwl . . .’ Tawodd Morus mewn petruster.

‘ Meddwl be’ ?’

‘ Bod ’na rywun y tu allan i’r drws funud ynghynt a oedd newydd symud i ffwrdd.’

‘ Rhywun yn clustfeinio ar y sgwrs ? ’ sibrydodd Lydia.

Syllodd y ddau ar ei gilydd. Darllenodd Lydia’r ateb yn wyneb Morus heb iddo ddweud gair. Cythrodd at ddrws yr ysgoldy gyferbyn a’i agor yn ddistaw. Roedd y stafell yn wag.

Ar yr ochr draw i’r parlwr, yn nhalcen y tŷ, roedd yna ddrws arall, a thrwy hwn yr arferai’r plant fynd allan i’r ardd ar amser chwarae. Gallai'r ysbïwr fod wedi llithro trwyddo a dianc heb dynnu sylw neb ato'i hun.

Roedd y gaeaf wedi dychwelyd, a bu cawod o eira'n gynharach yn y dydd. Agorodd Lydia'r drws yn y talcen a chwilio'r ddaear y tu allan iddo am olion traed. Ond roedd sawl un wedi mynd a dod trwyddo yn ystod y pnawn, a llwybrau traed mawr a bach yn croesi ei gilydd yn ddiystyr.

' Ffordd yma y daeth o,' meddai Lydia.

' Ie. Chafodd pwy bynnag oedd yno mo'r amser i fynd i fyny'r grisiau, nac i gyrraedd y drws ffrynt. Pe bawn i wedi meddwl ar unwaith am agor drws y 'sgoldy . . .'

' Mi fasa' gan y sawl oedd yno esgus yn barod am ei bresenoldeb,' meddai Lydia'n chwerw. Daeth sŵn gweiddi a chwerthin o'r berllan, lle'r oedd Sam a Huw wrthi'n chwarae yn yr eira. Rhuthrodd Lydia i gefn y tŷ. ' Huw! Sam !'

Roedd y bechgyn yn rhedeg trwy'r coed ac yn lluchio peli eira y naill at y llall. Dyma roi'r gorau'n gyndyn i'w chwarae a dod ati â'u bochau'n goch fel tân a chlytiau o eira'n glynu wrth eu cotiau lle'r oedd ambell belen eira wedi cyrraedd ei nod.

' Welsoch chi rywun yn dod allan o'r 'sgoldy trwy'r drws yn y talcen gynna' ?'

' Do !' gwaeddodd Sam ar unwaith.

' Pwy felly ?'

' Harri a Siôn a Wil Hetia'.'

' Ond mae hynny ers tro, Sam.' Bechgyn tua'r un oed â Sam oedd y tri yma, a'r un ohonyn nhw'n medru darllen yn ddigon da i ddeall nodiadau ei hewyrth. ' Welsoch chi neb yn mynd heibio i'r talcen ychydig funudau'n ôl ?' Roedd y llwybr o ddrws yr ysgoldy i'r stryd i'w weld o ben draw'r ardd gefn.

Edrychai'r ddau fach yn syn arni heb ateb : roedden nhw wedi mwynhau gormod ar eu gêm yn yr eira i sylwi ar ddim arall.

' Hwyrach mai dychmygu roeddwn i,' mwmiodd Morus wrth fynd yn ôl i'r ysgoldy.

' Faset ti byth yn dychmygu peth fel'na.' Bwriadai Lydia i'w geiriau fod yn deyrnged i synnwyr cyffredin Morus. ' Mae'n rhaid dy fod ti wedi gweld neu glywed rhywbeth neu faset ti byth wedi amau fod 'na rywun yn gwrando. Tria gofio.'

Crychodd Morus ei aeliau mewn ymdrech ffyrnig i feddwl. Beth oedd achos yr argraff wibiog aneglur a gafodd? Sŵn troed, siffrwd sgert, drws yr ysgoldy'n cau'n ddistaw bach ? Neu'r tri, efallai ?

' Rhywun yn symud yn chwim ac yn ysgafn ar ei draed,' meddai o'r diwedd.

' 'Run o'r ddau hogyn, felly !' Er gwaethaf ei phryder, bu raid i Lydia wenu. Roedd Nathan yn tyfu'n fachgen trwm, trwsgl â thraed mawr, a Thomas mor hamddenol a phwyllog â barnwr. Ond eto, twyllwr oedd yr ysbïwr, a chanddo'r gallu i ymddangos ac ymddwyn yn dra gwahanol i'r hyn ydoedd. Gallai bachgen trwm neu araf fod yn ddigon sionc ar ei draed pe bai angen . . .

' Na, nid hogyn,' meddai Morus yn bendant.

' Un o'r gennod.' Daeth Lydia'n ôl at ei drwgdybiaeth gyntaf. Dim ond geneth, wedi'r cyfan, a fuasai'n dianc yn reddfol i'r ysgoldy, lle y dylai fod. Buasai Nathan neu Thomas wedi sefyll eu tir gan hel esgus am fod wrth ddrws y stydi. Un o'r genethod yn sleifio trwy'r ysgol wag yn gyfrwys ac yn ddistaw fel cath.

Nid oerni yn unig a wnaeth i Lydia grynu ar drothwy drws yr ysgoldy. ' O, pe baet ti ddim ond wedi mynd ar ôl y gnawas y munud hwnnw !' Caeodd y drws a'i folltio'n sownd. Trwy ddrws y gegin y deuai Sam a Huw am eu swper cyn bo hir. ‘ Mi ofala’ i na fydd hwn yn agored ar ôl oriau’r ysgol o hyn ymlaen. Morus, doeddet ti a f’ewyrth ddim yn sôn am y cyrddau ?’

Ysgydwodd Morus ei ben. ‘ Doedd ’na ddim sôn am ’neud dim yn erbyn cyfraith gwlad.’ Ond roedd o wedi crybwyll ei ddaliadau Ymneilltuol ; gallai hynny fod yn enbyd i’w athro ac iddo ef ei hun.

(ii)

‘ Dydi Taid ddim yn credu mewn ysbrydion,’ meddai Lowri’n dalog. ‘ Un noson pan oedd o’n llanc ifanc roedd o’n cerdded ar hyd lôn goediog unig ar noson dywyll, a dyma fo’n amau fod rhywbeth yn ’i ddilyn o . . .’

‘ W-w-w !’ sibrydodd Sali.

‘ Am yn hir roedd arno ormod o ofn i droi’i ben. O’r diwedd mi ’drychodd yn ôl, a gweld rhywbeth tal, llwyd ar yr ochr arall i’r gwrych. Mi fu bron iddo ddisgyn gan fraw, ond yn ’i flaen yr aeth o, a’r peth yn symud wrth ’i ysgwydd o y tu draw i’r gwrych. Ond toc mi ddaeth Taid at le agored, ac yng ngolau’r lleuad mi welodd y peth llwyd yn iawn. Wyddoch chi be’ oedd o ? Ceffyl broc !’

Roedd yr oerni wedi mynd heibio, a phlant yr ysgol allan yn yr ardd y tu cefn i’r tŷ yn mwynhau’r heulwen wan cyn dechrau ar waith y pnawn. Chwaraeai’r plant bach yn eu hoff le, y berllan : cerddai’r genethod hŷn yn sidêt fesul dwy a thair ar hyd llwybrau’r ardd wrth ymyl y tŷ, ac roedd y tri bachgen yn chwerthin am ben rhyw jôc mewn congl ar wahân i bawb arall. Sylwodd Lydia fod Elin ac Arabel yn eistedd ar yr un sêt ac yn sgwrsio’n dawel, a Siwsi a Mari, â’u breichiau wedi eu gweu am ei gilydd, yn troi’n araf o gylch y darn pridd llwm lle byddai blodau'n tyfu yn yr haf. Doedd dim hanes o Henrietta, ond ar y munud olaf y byddai hi'n cyrraedd yn aml.

'Dydi hynny ddim yn deud nad *oes* 'na ddim ysbrydion,' meddai Sali. Aeth ei hwyneb crwn, pinc yn ddifrifol. 'Mi welodd f'ewyrth i ysbryd unwaith,' sibrydodd.

'Paid â deud straeon!' meddai Lowri.

'Ar 'y ngwir rŵan.'

'Ymhle?' gofynnodd Lydia.

'Ym mhorth yr eglwys ar ganol nos.'

'Be' ddigwyddodd? Pwy oedd yr ysbryd?'

'Wn i ddim,' sibrydodd Sali. 'Roedd f'ewyrth yn 'cau deud. Roedd o'n 'i '*nabod* o.'

Roedd y syniad erchyll o gyfarfod â hen gyfaill yn rhith ysbryd yn ddigon i roi taw ar Lowri, ac roedd bochau Sali ei hun yn welw.

O'r tu cefn iddyn nhw daeth cilchwerthin a wnaeth i'r tair neidio. Henrietta a oedd wedi dod o rywle'n sydyn; roedd hi wrth eu sodlau'n ceisio gwrando ar y sgwrs, a geneth newydd, Lucy, gyda hi. Gafaelodd Lydia'n ddig ym mreichiau ei dwy gyfeilles a cherdded yn gyflym i ochr arall yr ardd. Yn anffodus, ni fedrai fynd yn bell gan fod yn lle mor fychan.

'Be' 'di'r gyfrinach?' galwodd Henrietta'n sbeitlyd. Trodd hithau ar ei sawdl, gan luchio modrwyau gloyw ei gwallt, a llusgo Lucy druan gyda hi at Siwsi a Mari. Geneth fach ddi-liw oedd Lucy, yn dal braidd yn swil ac yn ansicr yn ei hysgol newydd, a hyd yn hyn yn derbyn cyfeillgarwch nawddogol Henrietta yn wylaidd.

Wrth gwrs, meddyliodd Lydia, fe wyddai Henrietta ei bod hi a'i chyfeillion agosaf yn perthyn i deuluoedd Anghydffurfiol; mae'n debyg ei bod hi wedi camddeall sibrwd dramatig Sali. Roedd honno'n flin am fod Henrietta wedi difetha naws ei stori.

‘ Dos ymlaen, Sali,’ meddai Lowri.

‘ Mi ddeudodd f’ewyrth ’i fod o bron wedi llewygu yn y fan a’r lle, roedd arno gym’int o ofn. Fedra’ fo ddim deud gair o’i ben.’

‘Sut olwg oedd ar yr ysbryd ?’

Gwelodd Lydia, trwy gil ei llygad, Arabel yn edrych i fyny at ffenestr gefn y parlwr preifat ; roedd ei modryb newydd ei hagor ac roedd hi’n edrych dros yr ardd, a Dewyrth Richard wrth ei hochr. Diolch byth, ni fedrai Arabel na neb arall lai na theimlo parch at Dewyrth Richard.

‘ Roedd f’ewyrth yn deud . . .’ cychwynnodd Sali. Ond doedd Lydia ddim i gael clywed diwedd yr hanes brawychus, o achos rhedodd Huw ati mewn cyffro mawr.

‘ Lydia ! Mae Sam wedi syrthio ac agor ’i ben-glin, ac mae o’n ’styllio gwaedu !’

‘ Dyna sydd i’w gael am ddringo coed,’ meddai Lydia’n llym wrth y plant bach yn y berllan. Ond wrth weld wyneb llwyd Sam, a’i ymdrech ddewr i beidio â chrio, toddodd, a dweud mewn llais mwy caredig : ‘ Tyrd i’r tŷ, Sam, ac mi rown ni glwt ar dy ben-glin di.’

Aethant trwy’r drws yn y talcen i’r ysgoldy, lle’r arferai Modryb Kate gadw cadachau ar gyfer damweiniau fel hyn. Ond wedi estyn un o’r rhain, sylwodd Lydia fod yna faw yn y briw, a mynd â Sam i’r cyntedd er mwyn golchi’r dolur yn y gegin. Gwelodd fod drws y stydi yn gilagored, a chlywed rhywun yn troi papurau yn y stafell : ei hewythr, mae’n debyg, yn paratoi ar gyfer dosbarth y pnawn. Aeth Lydia a Sam heibio i droed y grisiau at ddrws y gegin, ac yna fe ddaeth sŵn a wnaeth iddi sefyll yn stond : llais soniarus ei hewythr yn y llofft. Pwy, felly, oedd yn y stydi ?

Roedd plant yr ysgol i gyd allan yn yr ardd, meddyliodd. Ond na : gallai rhywun fod wedi sleifio i mewn tra oedd hi yn y pen draw efo Sam. Cofiodd am Henrietta'n clustfeinio ar y sgwrs, a llygaid Arabel yn troi i gyfeiriad ffenest y parlwr preifat, lle'r oedd yr athrawon ar y pryd. Temtiwyd Lydia i redeg yn ei hôl y munud hwnnw, ond roedd Sam druan yn disgwyl am gael trin ei friw. Aeth Lydia i nôl dŵr glaw o'r gasgen wrth y drws cefn a golchi'r dolur ; brathodd Sam ei wefus yn galed a chau'i lygaid am funud.

'Dyna'r gwaetha' heibio,' meddai Lydia. 'Hogyn dewr.' Rhwygodd ddarn o gadach, ei osod ar y briw a'i rwymo'n dyn am y ben-glin. 'Sut mae hwnna'n teimlo ?'

'Iawn,' meddai Sam, wedi sirioli'n barod. 'Ga' i fynd allan rŵan ?'

'Cei am wn i, am ddau funud, ond mae hi bron yn amser i'r ysgol ddechra'.' Cychwynnodd Sam yn ansicr, gan gerdded braidd yn gloff ac yn amlwg yn ei ystyried ei hun yn arwr. Caeodd Lydia'r drws ar ei ôl, ac ymhen eiliad roedd hithau'n sleifio'n ddistaw bach ar hyd y cyntedd at y stydi. Roedd y drws ychydig fodfeddi'n gilagored fel o'r blaen. Gwrandawodd Lydia, gan ddal ei gwynt. Doedd yna ddim sŵn o'r tu mewn. Tybed nad oedd yr aderyn wedi dianc unwaith eto, hwyrach ar ôl dychryn o'i chlywed hi a Sam yn mynd heibio ? Daeth siffrwd bach lladradaidd, fel pe bai rhywun yn troi tudalen. Llamodd calon Lydia. 'Dwi wedi dy ddal di !' meddyliodd. Ac eto, gwyddai yn ei chalon nad oedd arni eisio dod o hyd i'r ysbïwr.

Oedodd am funud cyn rhoi ei llaw ar y dwrn a thaflu'r drws yn agored.

Neidiodd y dwrn o'i gafael. Roedd y person yn y stydi wedi dewis y munud hwnnw i agor y drws yn sydyn o'r tu mewn.

Bu eiliad o ddistawrwydd syn.

‘ Morus !’ ebychodd Lydia.

Cochodd Morus at ei glustiau o flaen ei hedrychiad cyhuddgar, nes iddo edrych bron yn euog, ac am ennyd daliai hithau’n dynn yng ngafael ei hargyhoeddiad mai’r person yn y stafell oedd yr ysbïwr. Nid Henrietta, nid Arabel, ond Morus. Morus, yn edrych yn rhyfedd ac yn ddieithr arni.

‘ Be’ wt ti’n da yn fan’ma ?’ gofynnodd Lydia.

Petrusodd Morus am eiliad cyn ateb. ‘ Gorffen ’y ngwaith cartre’,’ atebodd yn chwithig. ‘ Roedd o’n ddarn anodd iawn neithiwr ; geiriau mawr anghynefin ynddo fo. Roeddwn i’n chwilio amdanyn nhw yng ngeiriadur Mr Rowlands . . .’

Syllodd Lydia’n hurt arno a theimlo amheuon yn chwyrlïo’n wyllt drwy’i meddwl. Ond dyna lle’r oedd y geiriadur mawr yn agored ar y bwrdd, ac wrth ei ochr waith Morus yn ei ysgrifen wastad ofalus, a smotyn o inc ar ei ganol. Roedd ei bin cwilsyn yn ei law, a’i wyneb yn llawn o betruster diffuant.

Chwalodd ei meddyliau drwg fel niwl. Beth oedd yn bod arni, i amau Morus, o bawb, hyd yn oed am funud ? Cafodd ddigon o brawf o’i ffyddlondeb. Ac onid oedd ei hewythr wedi gwrthod cloi drws y stydi, am mai fanno roedd ysgoldy’r bechgyn ? Doedd yna ddim rheol i’w rhwystro rhag mynd i mewn i’r ystafell yn ei absenoldeb, er mai yn anaml iawn y byddai’r un ohonyn nhw’n manteisio ar y fraint.

‘ O, Morus ! ’ meddai. ’Roeddwn i’n meddwl yn siŵr fy mod i wedi dal yr ysbïwr ! ’

‘ Doeddet ti ’rioed yn meddwl—yn amau y baswn i . . . ? Mae Mr Rowlands wedi deud y cawn ni ddefnyddio’i eiriadur o.’ Roedd Morus yn dechrau edrych yn debycach iddo’i hun, a’i frychni’n dod i’r golwg trwy’r gwrid yn ei wyneb.

‘ Wrth gwrs.’ Llwyddodd Lydia i wenu am ben ei ffolineb ei hun. ‘ Fi sy ar bigau’r drain y dyddia’ yma.’ Fe’i trawyd gan syniad arall. ‘ Mi agoraist tithau’r drws . . .’

‘ Do . . . am fy mod i’n meddwl fod rhywun yn gwrando y tu allan ! ’

Roedd yr oedolion yn dod i lawr y grisiau. ‘ O Lydia, dos i ganu cloch yr ysgol, wnei di ? ’ galwodd ei modryb. ‘ Rydym ni bum munud yn hwyr yn barod.’

Safodd Richard Griffith wrth ddrws yr ysgoldy am funud i weld y plant yn dod i mewn, ac i dderbyn cyfarchion parchus Thomas a Nathan ar eu ffordd i’r stydi. Sylwodd Lydia ar Henrietta ac Arabel ac ambell un arall yn ciledrych arno ; teimlai’n falch ei fod o mor amlwg yn ŵr bonheddig, er bod ei gôt o frethyn costus wedi gweld dyddiau gwell.

Gwelodd hefyd nad oedd Thomas ar frys i ddilyn Nathan i’r stydi, a’i fod yn oedi wrth ddrws yr ysgoldy nes i Siwsi ddod o’r ardd a’i gosod ei hun yn ei lle priodol. Thomas, o bawb ! Efo fo, o leiaf, roedd y gwallt modrwyog ffasiynol yn llwyddiant. Petai Lydia wedi derbyn cyngor Henrietta, beth fyddai Morus, gofynnodd iddi’i hun, wedi ei feddwl ohoni â rhes o gyrls ar draws ei thalcen ? Ceisiodd Lydia ddychmygu rhywbeth tebyg i edrychiad hiraethus Thomas ar wyneb cartrefol Morus, a bu’r ymdrech yn ddigon i wneud iddi chwerthin. Chwarae teg i Siwsi, chymerodd hi ddim sylw o Thomas, dim ond plygu ei dwylo o’i blaen a disgwyl yn wylaidd i Mrs Rowlands ddechrau’r wers.

Tra oedd Modryb Kate yn dysgu cân Ffrangeg i’r genethod hŷn, a Sam, Huw a’u cyfoedion yn gwneud symiau, rhoddodd Lydia wers rhifo i’r plant bach ar y fainc flaen. Mewn dau funud roedden nhw wrthi hi’n ddiwyd yn cyfri’ cregyn a gleiniau â’u bysedd bach, a

Lydia'n hanner anghofio'r amheuon a fu ganddi eiliad yn ôl.

'Olwch, Lydia, dwi'n medru gwneud wyth rŵan!'

'Wel wyt, Dafydd bach. Ac mae wyth yn anodd.'

Ond ychydig yn ddiweddarach, wrth iddi farcio symiau Huw a Sam ac eraill, teimlai'n anesmwyth, a gwyddai pam.

Roedd yr ysbïwr yn yr ystafell 'ma rŵan, a doedd Lydia ddim nes at ddarganfod pwy oedd.

XIII MAGL

Ar ôl i'w hewythr egluro wrth Lydia ei fod yn amau mai un o'r plant oedd yr ysbïwr, cynhaliwyd y cyrddau'n ddiogel am wythnosau, ac roedd hyn yn tueddu i brofi fod 'na sail i'w amheuon.

Un diwrnod galwodd Mr Lawrence, taid Lowri, ben bore cyn i'r ysgol ddechrau, tra oedd Lydia'n glanhau'r stydi ac yn cynnau tân yno. Ar ei ffordd i Gonwy roedd o, lle'r oedd i aros am ychydig ddyddiau gyda pherthnasau, ac i nôl parsel i Ellis Rowlands.

'O ie, y llyfrau oddi wrth Mr Philip Henry,' meddai hwnnw. 'Rydw i'n ddiolchgar iawn ichi, Mr Lawrence. Pryd fyddwch chi'n ôl ?

Safai'r ddau yn y fynedfa rhwng y stydi a'r parlwr mawr a ddefnyddid fel ysgoldy, ac fe aeth Mr Lawrence at y drws ffrynt wrth ateb.

'Dydd Sadwrn, os byddaf byw ac iach.'

'Ardderchog ! Fe gawn roi'r llyfrau i'r aelodau drannoeth.' Gwyddai Lydia fod y llyfrau'n mynd â chyfran o elw'r ysgol, gan fod y ffyddloniaid yn aml yn rhy dlawd i dalu'r llawn bris amdanyn nhw. Ond achlysur mawr fyddai dyfodiad casgliad newydd ohonyn nhw.

'Gan fy mod i'n dod yn ôl ar hyd lôn Bangor, ydach chi'n credu y byddai'n syniad da imi adael y parsel dros nos yn ysgubor yr Henfaes? Mae honno wrth ymyl y lôn, a heb fod ymhell o'n man cyfarfod ni y Saboth nesa'. Gallaf nôl y llyfrau ar y ffordd i'r cwrdd nos Sul, heb i neb yn y dre' 'ma wybod dim amdanyn nhw.'

'Campus, Mr Lawrence ! Fe fydd hynny'n gyfleus iawn, ac yn well na'u cludo'n ôl a blaen trwy'r dre'.

Dydd da ichi rŵan, a gobeithio y cewch chi dywydd braf i farchogaeth i Gonwy draw.'

Gadawyd y drws ffrynt yn agored ar gyfer plant yr ysgol. Croesodd Lydia'r fynedfa a mynd i mewn i stafell yr ysgol, i sicrhau fod y tân yn tynnu'n iawn. Wrth iddi fynd trwy'r drws, credodd iddi glywed siffrwd, fel petai rhywun yn symud ar frys ym mhen draw'r parlwr, a'r drws pella', a arweiniai i dalcen y tŷ, yn cau'n dawel fach. Roedd hi'n dal yn bur dywyll ; wrth graffu o gylch y stafell, ni welai ddim byd o'i le. Ni chafodd ond argraff wibiog, na allai fod yn sicr ohoni. Roedd hi wedi glanhau'r stafell yn lân y noson gynt, a synnodd braidd weld rhywbeth tebyg i ddarn bach o laswelltyn ar y gadair y tu ôl i'r drws. Cododd o a'i daflu i'r tân.

Rhedodd i'w thwtio'i hun yn barod i'r ysgol. Ymhen ychydig funudau daeth Elin a Siwsi trwy'r drws ffrynt gan siarad yn ddistaw, a mynd i'r ysgoldy. Roedd gan Siwsi swp o eirlysiau a chennin Pedr cynnar i addurno'r stafell. Byddai Modryb Kate yn dotio'n aml at ei meddylgarwch. Aeth y ddwy eneth ati i osod y llyfrau a'r defnyddiau ysgrifennu'n barod ar gyfer yr ysgol. Cyn bo hir cyrhaeddodd Henrietta, gan ddylyfu ei gên, a phan ddaeth Lydia'n ôl roedd hi'n eistedd yn braf yn gwylio'r ddwy arall yn gweithio.

Y nos Sul wedi i Mr Lawrence ddychwelyd o Gonwy, daeth Morus at Mr Rowlands a dweud fod arno eisiau mynd gyda fo i'r cwrdd.

' Dynion fydd yno, wyddost ti . . . penteuluoedd.'

' Rydw innau bron yn ddyn, syr.' Roedd ei lais wedi torri'n ddiweddar. ' Fi ydi dyn ein teulu ni.'

' Mae hi'n dipyn o daith ar noson dywyll oer, ond gan dy fod ti mor awyddus . . . Os wyt ti am fod yn feddyg, bydd raid iti ddygymod â theithio ar bob adeg o'r dydd a'r nos.'

Ac fe aeth y ddau allan i'r gwynt. Ymhen dau funud, dyma Lowri'n curo ar y drws.

'Mae 'na ysbïwr yn gwylio tŷ Taid eto ! Mae arno fo ofn dŵad i'r cwrdd . . . mi fyddan nhw yn 'i ddilyn !'

Roedd Thomas Lawrence, un o Ymneilltuwyr ffyddlonaf y dref, wedi cael ei ddwyn o flaen ei well flynyddoedd yn ôl am beidio â mynychu eglwys y plwyf, a daliai'r awdurdodau i'w wylio'n gyson.

'Ydi Mr Rowlands yma ?' gofynnodd Lowri. 'Mae Taid yn deud y dylai fo gael gwybod am yr ysbïwr. A hefyd 'i fod o wedi cuddio'r blwch â'i lond o lyfra' yn y gwellt yn sgubor yr Henfaes, y tu cefn i'r drws agosa' at y ffordd fawr.' Ychwanegodd fod ei thad yn sâl yn ei wely â gwres mawr.

'Mae Mr Rowlands newydd gychwyn am y cwrdd, Lowri bach,' meddai Modryb Kate, â'r gwrid cyffrous wedi codi i'w bochau. 'Be' wnawn ni ?'

'Dydi o ddim wedi mynd yn bell,' meddai Lydia'n hyderus. 'Mi reda' i ar 'i ôl o.'

'Lydia bach . . . yn y nos ar hyd ffordd mor anial !'

'Mae 'na leuad. Fydda' i fawr o dro cyn 'u dal nhw.' Roedd Lydia wedi rhoi ei chlog amdani a chodi'r cwfl am ei phen.

'Dos â'r llusern 'ta. A brysia yn d'ôl.'

Noson dymhestlog oedd hi ; yn sych, ond â gwynt y gogledd yn lluchio'r coed noethion ac yn sgubo'r cymylau yn gyflym ar draws wyneb y lleuad, nes bod honno'n edrych fel pe bai'n cael ei gyrru'n wyllt trwy'r awyr. Crynodd Lydia, a thynnu'r cwfl am ei phen. Ar adegau llyncwyd y lloer gan y tawch, nes i dywyllwch dudew gau am bobman, ac nid oedd golau gwan y llusern yn dangos ond ychydig fodfeddi o'i llwybr. Bu raid iddi arafu ac ymbalfalu rhag ofn iddi faglu dros gerrig anwastad ac mewn tyllau yn y ffordd. Cwynai'r gwynt yn annaearol yn y coed. Ond wedyn fe fyddai'r lloer yn dianc o afael y cymylau, ac yn goleuo'r nos fel dydd, a byddai Lydia'n achub ar y cyfle i redeg. Doedd 'na ddim hanes o'i hewythr a Morus ; roedden nhw wedi achub y blaen ormod arni hi. Cynyddai'i phryder wrth iddi fentro'n bellach i'r wlad a chlywed y coed yn griddfan o bobtu iddi. Daeth pwl o dywyllwch wedyn, a'r llusern wan yn taflu cysgodion twyllodrus, nes peri iddi betruso cyn pob cam fel dyn dall. Gweddïai Lydia wrth ymdrechu yn erbyn y gwynt, o achos ei fod o'n ei tharo'n galed mewn ambell i lecyn agored a bron yn ei dal yn stond yn y fan.

O'r diwedd, dyma'r lleuad yn lluchio'r cymylau unwaith eto oddi ar ei gwar, ac yn ffoi rhagddynt. Daeth darn helaeth o'r ffordd i'r golwg.

' Diolch Iddo !' meddai Lydia. Gallai weld Morus yn llamu'n gyflym ar ganol y ffordd, nid nepell oddi wrthi. Doedd dim hanes o'i hewythr. ' Morus !' gwaeddodd, ond cipiodd y gwynt ei llais a'i hyrddio dros ei hysgwydd. Dechreuodd redeg nerth ei thraed, gan godi ei sgerti at ei phen-glin. Roedd yn galed â'r gwynt yn ei herbyn, ond toc roedd hi'n ddigon agos i Morus ei chlywed. Trodd a'i 'nabod hi, ei wedd fel sialc yng ngolau'r lleuad.

' Lydia ! Be' wt ti'n 'i wneud yma ?'

' Roeddwn i'n methu'n lân â'th gael di i glywed !' ebychodd Lydia. ' Ta waeth. B'le mae f'ewyrth ?'

' Wedi mynd ar draws y cae i nôl yr hen John Parri a'i ddanfon i'r cwrdd.' Gŵr oedrannus a musgrell, ond selog iawn, oedd John Parri, ac yn benderfynol o fynd i'r cyrddau tra gallai. 'Rydan ni'n cyfarfod wrth y nant.'

Eglurodd Lydia'n frysiog yr hyn a oedd wedi digwydd, ac ailadroddodd neges Thomas Lawrence. 'Mae'n rhaid inni fynd i'r sgubor i nôl y llyfrau yn 'i le o,' gorffennodd. Credai'n ddibetrus fod ganddi ddyletswydd i weithredu cynllun ei hewythr a Mr Lawrence, heb ystyried y byddai hwnnw ar dir cynefin, ac ar gefn ceffyl.

Gallai Lydia fod yn bendant iawn. Yn lle torri'n syth ar draws at y nant, cerddodd y ddau ymlaen am ryw chwarter milltir ar hyd y ffordd, nes cyrraedd y llwybr at ysgubor yr Henfaes. Roeddynt yn fwy hyderus wedi dod o hyd i'w gilydd.

'Does neb wedi dy ddilyn di o'r dre'?'

Nid hawdd oedd bod yn sicr, yng nghanol y tywyllwch ac ymhlith y cysgodion aflonydd, a nadau gwyllt y nos, ond roedd Lydia wedi edrych dros ei hysgwydd droeon heb weld neb.

'Dacw hi o'r diwedd!'

Teimlai'r ddau'n falch o fod wedi cyrraedd eu cyrchfan cyntaf, yr ysgubor. Roedd yr adeilad mawr yn drymllyd braidd yn y nos fel hyn, ond braf oedd teimlo'r muriau solet yn gysgod rhag y gwynt. Aethant at y drws agosaf a chraffu i mewn yng ngoleuni bach melyn y llusern. Chwiliodd Morus y pentwr gwellt y tu cefn i'r drws. Daeth sŵn isel o foddhad oddi wrtho. 'Dyma fo.'

Llusgodd y ddau y blwch pren o'i guddfan. Roedd o'n weddol drwm, wedi ei hoelio'n sownd a'i glymu â chortyn cryf. Dangosai ambell i flewyn o amgylch ei gaead fod y llyfrau wedi eu lapio'n ofalus mewn gwellt. Wrth afael yn y cortyn gallent ei gludo rhyngddynt yn hawdd.

Wedi gadael yr ysgubor a chau'r drws ar eu holau, teimlodd Morus a Lydia ryddhad mawr. Ni fyddent wedi cyffesu wrth ei gilydd yr ofn a afaelodd ynddynt wrth iddyn nhw fentro i mewn i'r lle mawr tywyll. Yn yr awyr agored, er i'r gwynt eu chwipio'n greulon, roedd yn wahanol, yn enwedig â'r lleuad yn olau.

Cychwynnodd y ddau'n dalog am y nant. ' Fuon ni ddim yn hir . . .' meddai Morus. Yn ddirybudd, ciciodd Lydia o yn ei ffêr.

' Ust !' sibrydodd, a dyma nhw'n sefyll yn llonydd. Edrychodd Lydia'n ymholgar ar Morus ; gwelodd yntau wyn ei llygaid yn disgleirio yng ngolau'r lleuad. Yn yr egwyl rhwng dwy chwa o wynt, clywsai'r ddau yr un peth : rhywun arall yn sefyll hanner eiliad ar ôl iddyn nhw sefyll, a'i droed yn disgyn yn ddistaw, ddistaw ar dir caregog.

Roedd ar Lydia ofn yn ei chalon. Roedd popeth wedi troi'n amheus ac yn fygythiol iddi : yr allt, y lloer yn ffoi trwy'r awyr, y gwynt yn ochain yn y coed, a siffrwd yn y rhedyn crin.

Rhoddodd ei hofn fin ar ei synhwyrau. Wrth iddynt edrych i lawr dros yr allt, hawdd oedd dychmygu fod pob perth yn celu dyn yn ei chysgod aflonydd, a gelynion dirgel yn eu hamgylchu. Ond credai, rywfodd, mai dim ond un neu ddau a oedd yn eu canlyn.

Dyma ailgychwyn i fyny'r allt, eu clustiau'n agored a'u cyhyrau'n dynn gan bryder.

' Mae'r blwch 'ma'n drwm ofnadwy,' cwynodd Lydia.

' Petha' trymion ydi llyfra',' cytunodd Morus.

Wrth iddyn nhw lusgo'u baich rhyngddynt dros y ddaear anwastad, trawodd Morus ei droed yn erbyn carreg a rhoi herc i gynnwys y blwch. Er bod gwellt o gwmpas y cynnwys, clywodd y plant y naill beth yn llithro yn erbyn y llall. Ac nid sŵn dwl llyfrau'n gwrthdaro a glywsant.

Safodd y ddau drachefn a rhoi'r blwch ar y ddaear. Ni wyddent beth i'w feddwl.

Estynnodd Morus ei gyllell o'i boced, ac â phenderfyniad di-ildio dechreuodd ryddhau un o'r darnau pren yn y caead, nes iddo godi digon arno i'w rwygo ymaith. Tynnodd y gwellt oddi am y cynnwys. Fferrodd yn y fan a'r lle.

'Gynnau !' ebychodd. Gwthiodd ei law trwy'r bwlch yn y caead. 'Llawddrylliau . . . llond blwch ohonyn nhw!'

Syllodd y ddau'n hurt ar y blwch, a chilio oddi wrtho. Roedd eu byd wedi ei droi ben ucha'n isa'. Teimlent eu bod wedi eu twyllo gan un o gastiau hud rhyw gonsuriwr dieflig. Llyfrau duwiol wedi troi'n arfau . . .

Ar ôl y sioc gyntaf, gwibiodd yr un syniadau trwy feddyliau Morus a Lydia. Munud o amheuaeth : roedd dynion da mewn lleoedd eraill yn ymladd dros eu crefydd. Onid oedd yn bosibl fod Ellis Rowlands a'i gyfeillion, ar ôl yr erlid hir anghyfiawn, wedi penderfynu eu harfogi eu hunain yn erbyn eu gelynion ? Daeth atgof i aflonyddu ar Lydia : y cysgod tywyll a gymylodd wedd ei hewythr pan welodd ei briwiau hi wedi i'r bechgyn ei churo yn Stryd Twll-yn-y-wal.

Ond aeth yr amheuaeth heibio wrth i Lydia gofio mor daer y bu i'w hewythr ddadlau â Morgan Probert yn ddiweddar. Cofiodd Morus yntau ei atebion o flaen yr ynadon, yn gwadu y byddai byth yn annog neb i ryfela yn erbyn ei gyd-ddyn.

Daeth Lydia ati'i hun a chlywed y gwynt yn ochain a'r ffrwd yn bregliach. Ciliodd yr hunllef fel y daeth syniad iddi. Tybed nad rhan o gynllwyn yn erbyn ei hewythr a'r Ymneilltuwyr eraill oedd y blwch â'i lond o arfau ? Cydiodd yr argyhoeddiad mai gwaith bradwr oedd hyn yn gadarn yn ei meddwl.

'I'r afon !' sibrydodd yng nghlust Morus.

'B-be' ?' Nid oedd Morus yn ei deall. Ond pan

afaelodd Lydia yn y cortyn a dechrau llusgo'r blwch i gyfeiriad y ffrwd, sylweddolodd beth oedd ei bwriad.

'Na,' protestiodd. ''I adael o lle mae o fydda' ora'.'

'I'r afon â fo !' Tra oedd pwyll yn arafu Morus, roedd dicter yn corddi Lydia. Wrth weld nad oedd yna ddim troi arni, dyma Morus yn ei helpu i gludo'r blwch at ymyl y ffrwd. Wedi cyrraedd, gafaelodd Lydia ynddo ag ynni cynddeiriog.

'Wyt ti'n siŵr ?' gofynnodd Morus. Roedd parch at eiddo eraill yn ddwfn yn ei enaid. Peth ofnadwy iddo fo oedd ei ddinistrio. Dywedai rheswm wrtho fod yr arfau'n werthfawr ; hwyrach eu bod yn perthyn i'r ffermwr Matthew Owen—er na allai Morus ddychmygu rheswm cyfreithlon dros gadw llond blwch o ynnau.

'Ydw.' Â nerth ffyrnig, dyma Lydia'n gwthio'r blwch dros yr ymyl i'r ffrwd. Roedd honno'n gul, ond yn ddwfn ac yn llawn dŵr.

Ond ni syrthiodd y blwch i'r gwaelod : safodd yn ansad ar graig rhwng yr ymyl ac wyneb y ffrwd.

'Mi wnân nhw ddifetha !' meddai Morus.

'Siŵr iawn, y gwirion ! Eitha' gwaith.'

Wrth weld Lydia'n chwilota'n ddiamynedd am ffon i wthio'r blwch i'r dŵr, gorweddodd Morus ar yr ymyl a rhoi hwb iddo. Syrthiodd y blwch yn syth i ganol y ffrwd a diflannu o'r golwg.

Safai'r ddau ar y lan, yn fyr eu gwynt ac wedi eu syfrdanu gan sydynrwydd a mawredd eu gweithred. Trwy'r adeg roedden nhw wedi bod ar bigau'r drain rhag ofn i'r gwylwyr anweledig ruthro arnyn nhw. Beth oedd eu hamcan wrth gadw ynghudd ?

Daliai meddwl Lydia i weithio'n gyflym. Os oedd y gelyn wedi gosod magl gan adael y blwch fel abwyd, rhaid bod yr arfau hyn yn rhan o'r cynllwyn. Ym meddiant bachgen a geneth o'u hoed nhw, ni fyddent yn profi fawr ddim : yn nwylo Thomas Lawrence neu Ellis Rowlands, ar dir Ymneilltuwr arall, gallent gael eu troi'n dystiolaeth annymunol iawn yn eu herbyn.

Symudodd meddyliau Morus yn fwy araf i'r un cyfeiriad. Heb ddeall manylion y cynllun, gwelodd sut y gellid defnyddio'r arfau fel prawf o deyrnfradwriaeth.

A chan fod eu canlynwyr yn dal i gadw o'r golwg, meddyliodd Lydia, eu bwriad, os oedd yna ddau ohonyn nhw, oedd eu cael nhw i'w harwain i fan cyfarfod yr Ymneilltuwyr. Cofiodd fel roedd hi wedi clywed y sgwrs rhwng ei hewythr a Thomas Lawrence o'r stydi . . . fel roedd rhywun arall wedi'i chlywed o'r parlwr mawr. Roedd y ddau wedi cyfeirio at yr ysgubor ar dir Matthew Owen ac at ddydd y cwrdd, ond nid at yr union le yr oedd y ffyddloniaid i ymgynnull. Dyna pam roedd o'n disgwyl (neu nhw, os oedd yna ddau o ysbïwyr) yn ei guddfan ar yr allt. Casgliad tebygol fyddai mai'r Henfaes, ychydig ffordd o'r ysgubor, fyddai'r man cyfarfod ; hwyrach fod yna ysbïwr arall yn gwylio'r fferm. Ond, mewn gwirionedd, mewn tŷ i gymydog iddo, ar ymyl ei dir i gyfeiriad Llanddeiniolen, y bwriedid cynnal y cwrdd.

Beth ddylai'r cam nesaf fod ? Erbyn hyn, fe fyddai Mr Rowlands yn pryderu ynghylch Morus ; rhaid oedd gadael iddo wybod eu hanes. Ar y llaw arall, dymunent gael gwared â'u canlynwyr.

'Dos di i gyfarfod â Dewyrth Ellis,' hysiodd Lydia. 'Mi af inna'r ffordd groes.'

'Na . . . mi ddylen ni aros efo'n gilydd. Mi golli di'r ffordd.'

'Weli di ddim ? . . . mae'n rhaid inni 'i ddrysu o . . . neu'u gwahanu nhw, os oes 'na ddau.'

Gwelodd Morus yn gyndyn fod y cynllun yn un da. 'Mi ddalia' i wrth ymyl yr afon,' sibrydodd Lydia. 'Dos, dos !'

Dyma hi'n troi i'r chwith ac yn dechrau symud yn ysgafn, gan gerdded a rhedeg bob yn ail yn ôl natur y tir, â'r gwynt yn ei hwyneb a sŵn yr afon yn gyfarwyddyd iddi ar y dde. Toc, safodd a gwrando.

Neidiodd ei chalon. Gwyddai fod ei chynllun i ddenu'r gelyn wedi llwyddo. Clywai draed yn drymio y tu cefn iddi, gan sathru weithiau ar briciau crin neu frwsio'r rhedyn marw.

Dechreuodd fwmian gweddi'n fyrwyntog. Weithiau yng nghysgod coed, weithiau ar yr allt agored, rhedai fel ysgyfarnog, wedi ei harafu gan y gwynt ond yn sicr ei throed. Roedd ei llusern wedi diffodd ers tro, ac roedd ei mantell dywyll yn fantais iddi. Yn yr awyr, daliai'r gwynt i rwygo'r cymylau a'u gyrru'n garpiau ar draws wyneb y lleuad.

Roedd ei thraed wedi darganfod rhyw reddf a rhythm fel traed anifail. Ond dechreuodd yr heliwr ennill tir arni : clywai sŵn ei draed yn nes, yn ogystal â'i anadl lafurus. Gwyddai Lydia yn awr beth oedd bod yn abwyd

Yn sydyn, daliwyd y lleuad gan y cymylau ac aeth yn dywyll. Syrthiodd düwch y fagddu. Trawodd y gwynt yn galed yn erbyn Lydia. Collodd ei thraed eu sionc-rwydd, a dechreuodd igian am ei hanadl.

Roedd mewn magl. O'r tu cefn iddi clywodd chwyrnu'r helgi, ac fe wyddai ag arswyd na allai ddianc.

Er hynny, trodd yn sydyn i'r chwith mewn ymdrech i ruthro i lawr yr allt. Ond neidiodd yntau ymlaen a chydio amdani. Tynnodd hi ato â phlwc mor galed nes i'w ddannedd gletsian. Yn y tywyllwch ni fedrai weld ei wyneb. Safai'r dyn am funud gan ymladd am ei anadl, ac roedd hithau wedi mynd yn llipa gan flinder a dychryn.

' Dwi wedi dy ddal di, y llwynoges fach enbyd,' meddai. Adnabu Lydia ei lais ag anobaith : Mr White ydoedd. ' B'le mae'r ffau ?'

Hyrddiodd Lydia ei hun yn ei erbyn, gan obeithio ei fwrw oddi ar ei echel. Ond roedd o mor solet â mur o gerrig.

Gafaelodd ynddi'n dynnach a'i tharo ar draws ei hwyneb.

'B'le mae'r confentigl ?'

'Pa gonfentigl ?'

Trawodd hi drachefn. O'r diwedd, dyma Lydia'n gweiddi nerth ei phen. Ceisiodd ei gicio a bachu'i throed am ei goes fel y gwnaethai Morus ers talwm. Ond methodd yn druenus. Cydiodd y dyn yn ei gwddf.

'B'le mae'r confentigl ?' Pwysodd ei fys ar y bibell wynt. Gwnaeth Lydia sŵn; ceisiodd weddïo, ond heb allu dod o hyd i eiriau.

'B'le maen nhw ?' Wrth glywed Lydia'n griddfan, fe laciodd ei afael ar ei gwddf. 'B'le maen nhw ? Dos â fi i'r confentigl.'

Yn ei llawn nerth, hwyrach y byddai Lydia wedi dod o hyd i ryw ddyfais. Ond roedd hi wedi cyrraedd pen ei thennyn. Ni allai wneud dim ond crawcian, 'Na . . . Does 'na ddim . . .'

Y gwir oedd na wyddai hi mo'r ffordd i'r man cyfarfod. Ond fe wyddai enw'r tyddyn. Bu'r dyn yn llonydd am funud, fel petai'n ansicr. Ymdrechodd Lydia unwaith yn rhagor i'w rhyddhau ei hun o'i afael. Unwaith eto, cydiodd yn ei gwddf, nes y bu bron iddi lewygu. Rhoes wich druenus.

Ni wyddai Lydia'n iawn beth a ddigwyddodd yn syth wedyn. Llaciodd y bysedd creulon eu gafael ynddi'n sydyn. Roedd fel pe bai corwynt wedi gafael yn y dyn, wedi ei godi oddi ar y ddaear a'i daflu trwy'r awyr.

Nid Morus a'i hachubodd y tro yma. 'Lydia, Lydia, 'mach i,' meddai.

Ceisiodd Lydia ddweud ' Dewyrth Ellis '. Ond ni allai siarad.

' Gef'ist ti dy frifo, 'ngeneth i ?'

Clywodd lais arall, ' Lydia, wyt ti'n iawn ?'

Pwysodd Lydia ar ei hewythr, a cheisio sibrwd, ' Ydw, Morus.'

' B'le mae o, syr ?' sibrydodd Morus, '. . . y dyn 'na ?'

' Y dyn, ie,' meddai Ellis Rowlands â'i lais fel llais gŵr wedi hurtio. ' White. Be' wnes i iddo fo, be' wnes i ?' Safai'n stond fel petai wedi ei syfrdanu.

Clywsant White yn cwyno yn is i lawr yr allt wrth ymdrechu i'w godi'i hun o glwt o eithin. ' Mae o'n iawn. Clywch, mae o'n dŵad ato'i hun. Dowch. Dydi o ddim wedi gweld eich wyneb chi. Gadewch inni gael Lydia odd'ma. Dowch, syr.' Roedd 'na ryw awdurdod newydd yn llais Morus.

Dyma'i athro'n codi Lydia yn ei freichiau, ac yn ei ddilyn.

Cododd y cymylau ryw ychydig wrth iddyn nhw groesi'r allt. Mynnodd Lydia gael cerdded toc, ond roedd ei choesau'n wan. Â chymorth y ddau, cyrhaeddodd fferm yr Henfaes yn ddiogel. Fe wnaeth gwraig y tŷ a'i merched yn fawr ohoni, a gweini arni'n garedig. Cyn bo hir roedd hi'n edrych yn debycach iddi'i hun, er ei bod hi'n ddistaw iawn ; arferai Morus ddweud ymhen blynyddoedd mai Mr White oedd yr unig ddyn a oedd wedi llwyddo i roi taw ar Lydia erioed, a hynny trwy hanner ei thagu.

Er i'r merched ymbil ar Mr Rowlands i aros yn y tŷ efo Lydia, mynnodd y dyn gwydn hwnnw fynd yn ei flaen i'r cwrdd. Pan gyrhaeddodd, roedd y saint, yn absenoldeb eu gweinidog, ar ganol cwrdd gweddi tawel, heb amau dim am yr helynt ar yr allt. Yn eu plith roedd yr hen frawd musgrell John Parri, wedi cyrraedd y cwrdd yn gynnar ar ei liwt ei hun. Ni thraddododd Mr Rowlands ei bregeth, ond gweddïodd yn daer, heb i'r un ysbïwr ymyrryd â'r cwrdd.

Gwahoddwyd Lydia i dreulio'r noson yn yr Henfaes, ond roedd yn well ganddi fynd adref ; byddai'i modryb yn bryderus iawn yn ei chylch. O'r diwedd, danfonodd y ffermwr hi ar ei geffyl ei hun, a rhoi benthyg ceffyl arall i Mr Rowlands, a merlyn i Morus.

Roedd Lydia'n falch fod ganddi esgus i beidio â siarad. Roedd ei chalon yn drwm, canys fe wyddai rŵan pwy oedd yr ysbïwr yn yr ysgol. Wrth gofio'r bore pan alwodd Mr Lawrence i weld ei hewythr a sôn am adael y llyfrau yn ysgubor yr Henfaes, roedd hi wedi sylweddoli o'r diwedd beth oedd arwyddocâd y ddeilen eirlys ar y gadair yn yr ysgoldy.

XIV YR YSBÏWR

‘ Mae ’na newydd go drist y bore ’ma,’ meddai Modryb Kate ddydd Llun. ‘ Tad Siwsi sydd wedi torri. Mae ei fusnes wedi methu,’ eglurodd, ‘ ac yntau’n fethdalwr.’

‘ Dyna pam ddaru Siwsi . . .’

‘ Rwyt ti’n gwybod, felly ? Ie, mae’n rhaid fod ei thad wedi bod mewn anawsterau ers misoedd, ac yn chwilio am unrhyw ffordd o wneud arian i dalu ei ddyledion. Dyna beth a wnaeth iddo annog Siwsi . . .’

‘ . . . I wrando wrth ddrysau a chwilota yn nesg f’ewyrth,’ meddai Lydia’n chwerw. Roedd brad Siwsi wedi ei brifo a’i hysgwyd. Fe’i casâi ei hun am y rhagfarn a wnaethai iddi amau Henrietta ac Arabel, tra oedd hi’n ymddiried yn llwyr yn Siwsi. ‘ Rydw i’n falch na ddaeth hi ddim i’r ysgol heddiw.’ Toc, gofynnodd : ‘ Pa bryd ddaru chi ’i hamau hi gynta’ ?’

‘ Pan ddaeth Mr White yma’r nos Sul honno . . . wyt ti’n cofio ? Mi gofiais fy mod i wedi anfon Siwsi i stydi d’ewyrth i nôl llyfr, fel y gwneuthum lawer tro. Wrth gwrs, fe fyddai d’ewyrth a’r bechgyn yno fel rheol. Ond yr wythnos honno, aethant allan un diwrnod . . .’

‘ Do siŵr !’ Roedd Dewyrth Ellis wedi mynd â’r bechgyn i weld hynafiaethau’r dref, gan fanteisio ar y cyfle i drafod tarddiad Lladin sawl gair Cymraeg a Saesneg.

‘ Mi sylwais i fod Siwsi’n hir yn y stydi, ond yr hyn a feddyliais i oedd ’i bod hi’n methu dod o hyd i’r llyfr. Sut y daeth hi i wybod am gyfrinach y drôr, wn i ddim.’

Cododd y gwaed i wyneb Lydia. ‘ Fi ddeudodd wrthi hi . . . flynyddoedd yn ôl. Roeddan ni’n sôn am ddrysau dirgel a thrysor cudd a phethau felly, a dyma fi'n deud fod gan Dewyrth Ellis ddrôr dirgel yn ei ddesg . . .'

'A sut i'w hagor ? Wel, doeddet ti ddim i wybod. Roeddet ti'n ymddiried yn Siwsi.'

'Pan dd'wedsoch chi, f'ewyrth, mai rhywun yn yr ysgol oedd yn gyfrifol, be' oedd eich rheswm chi dros feddwl hynny ?'

'Fel arbrawf, mi adewais fy nyddiadur, â dyddiad y cwrdd ac enw'r man cyfarfod, yn y drôr drigel fel arfer. Ond *roedd yr amser yn anghywir* . . . awr yn ddiweddarach na'r amser a gyhoeddwyd. Fe gyrhaeddodd y swyddogion ar yr amser hwyrach. Ni wyddai neb mo'r amser ffug ond rhywun oedd yn deall cyfrinach y drôr . . . rhywun yn y tŷ yma.'

'Ond sut y cafodd hi gyfle i chwilota yn y ddesg ?'

'Roedd hi yma ben bore'n aml, yn hogan fach dda, yn gosod petha'n barod ar gyfer yr ysgol ac yn mynd a dod fel un ohonon ni,' meddai Modryb Kate. 'Mae'r silffoedd llyfrau wrth ochor y ddesg : pe digwyddai glywed rhywun yn agosáu, fe fyddai'r esgus yn barod ganddi ei bod hi'n chwilio am lyfr i gopïo oddi wrtho. On'd ydw i fy hun wedi anfon Siwsi i chwilio am batrwm brodwaith o'r ddesg 'na ?'

'Debyg na ddaw hi ddim yn ôl i'r ysgol,' meddai Lydia. 'Eitha' gwaith. Petai hi'n dŵad yn agos ata' i, mi gyfogwn.'

Bu distawrwydd am ennyd.

'Mae'n ddrwg gen i ddeud, Ellis,' meddai Modryb Kate, 'fy mod i'n teimlo'r un fath â Lydia.'

'Does gen i ddim hawl i feio neb am deimlo fel yna,' meddai Dewyrth Ellis. 'Mi deimlais inna' gasineb yn erbyn fy nghyd-ddyn neithiwr. Fe wyddost, Kate, pan oedd y ddau 'na'n fy nhaflu i o'r naill ochr i'r llall o borth yr eglwys yng Nghlynnog, chodais i mo fy llaw yn eu herbyn. Ond neithiwr, mi gollais i arna' fy hun yn lân.'

Toc, ychwanegodd : ' Ar dad Susannah mae'r bai yn bennaf oll. Fo a gymhellodd yr eneth i'n bradychu.'

' Leic'is i 'rioed mo'no fo,' meddai Lydia. ' Hen ddyn sebonllyd. ' Monstrous civil ' fasa' Henrietta'n 'i alw fo. Ond roedd 'na fai mawr arni hitha', yr hen gnawas bach ffals iddi hi.'

' Cofia 'i bod hi dan wasgfa gan ei thad . . . fe wyddost sut yr oeddet ti'n teimlo neithiwr efo llaw ar dy wddf.'

' Ond ddaru Lydia ddim torri,' meddai'i modryb.

' Naddo. Mae Lydia'n ddewr. Ond mae'n haws i blentyn wrthwynebu gelyn, on'd ydi, Lydia, na thad ? Roedd gan Siwsi ddyletswydd i ufuddhau i'w thad. Hwyrach 'i fod o a hithau'n credu fod eu dyletswydd i wlad ac eglwys yn galw arnyn nhw i ddatgelu Ymneilltuwyr.'

' Be' fydd yn digwydd i'w thad hi rŵan ?' gofynnodd Lydia.

' Mae o yng ngharchar fel dyledwr. Ac fe fydd eiddo'r teulu i gyd yn mynd i dalu'i ddyledion.'

Dychrynodd Lydia. Cofiodd am ddarlun ei modryb o'u cyflwr nhw pe byddai'i hewythr yn cael ei gosbi am gynnal confentigl. Am y tro cyntaf, dechreuodd ddeall tipyn ar gyflwr truenus Siwsi.

Teimlai'r tri yn bur ddigalon y noson honno. Dangosai'r cynllwyn i newid y llyfrau am arfau, er mwyn dwyn cyhuddiad ffug o deyrnfradwriaeth yn erbyn y Sentars, heb sôn am greulondeb White tuag at Lydia, ryw falais y tu hwnt i'r anghyfiawnder arferol. Wedi i Lydia a'i hewythr godi yn ei erbyn mor fentrus, be' fyddai ymateb y dyn peryglus i fethiant ei gynllwyn a'r ffaith fod yr arfau ar goll? Ar ben hyn cafwyd y sioc o ganfod brad

Siwsi a thrychineb ei theulu. Ac i goroni'r cyfan, roedd y llyfrau drud a adawyd yn yr ysgubor ar goll.

Pan ddaeth mam Siwsi i weld Mrs Rowlands y noson honno, felly, roedd pawb yn teimlo'n isel ac yn anesmwyth. Cyn gynted ag y daeth trwy'r drws, dyma'r wraig yn beichio wylo.

'Dydi fy ngŵr ddim wedi haeddu hyn,' ebychodd trwy ei dagrau ; 'mae o wedi bod yn ddyn da i mi bob amser. Pobol oedd yn 'cau talu iddo fo, ychi ; cymryd 'i waith o a chau talu.'

Hwyrach ei bod hi wedi synhwyro'r llonyddwch yn y stafell. 'Dydi o ddim heb 'i fai, ella,' ychwanegodd, 'ond nid arno fo mae'r bai i gyd.'

'Ym mhle'r ydach chi'n lletya ar hyn o bryd ?'

'Efo fy chwaer yn Stryd y Plas. Roedd Siwsi mor hapus yma. Rŵan mi fydd yn colli'i ffrindia' i gyd.' Llanwodd ei llygaid drachefn. Cnodd Lydia ei gwefl a syllu o'i blaen.

'Fe ddylai Siwsi fod yn gysur ichi.' Roedd Mrs Rowlands yn dewis ei geiriau'n ofalus. 'Mae hi'n eneth alluog, ufudd iawn.' Clywodd Lydia rywun yn ochneidio: nid mam Siwsi, ond ei modryb. 'Rydw i'n credu mai peth da fyddai iddi ddod yn ôl i'r ysgol, dros dro o leiaf. Does dim angen ichi boeni am dâl, ychi.' Gwelodd Modryb Kate olwg syn Lydia. 'Rydan ni fel un teulu yn yr ysgol.'

'Diolch ichi, Mrs Rowlands. Rydach chi'n dda. Ond mae plant yn gallu bod yn greulon.'

'Mewn argyfwng fel hwn, maen nhw'n gallu bod yn feddylgar ac yn deimladwy. Mi fydd Lydia'n rhoi arweiniad i'r lleill.'

XV Y BWLCH YN Y MUR

Ar ddiwedd y pnawn drannoeth, curodd rhywun yn uchel ar y drws. Rhedodd Lydia i ateb.

'Richard !' griddfannodd Ellis Rowlands wrth glywed llais ei frawd-yng-nghyfraith. Gan fod helynt nos Sul wedi digwydd nid nepell o gartref Richard Griffith, casglodd fod hwnnw wedi clywed rhyw si amdano, ac fe'i paratôdd ei hun am ymosodiad ar ei weithgareddau anghyfreithlon.

'Be' ddigwyddodd i dy wyneb del di, Lydia ?' gofynnodd ei hewythr yn eitha' caredig, wrth sylwi ar ei chleisiau.

Gan fod Dewyrth Richard, fel y dywedasai Ellis Rowlands, yn ŵr triw, adroddodd Lydia'r hanes wrtho gan gynnwys twyll yr arfau a ffyrnigrwydd White yn ei herbyn hi.

'Mae'r dyn 'na wedi mynd yn rhy bell !' meddai Richard Griffith, gan edrych yn ddu. 'Nid chi ydi'r unig rai i ddiodde'. Mae 'na lawer yn cwyno am 'i ormes o yn enw'r gyfraith. Mi wnest ti beth byrbwyll wrth ddinistrio'r arfau, Lydia . . . ond os na wyddai gŵr yr Henfaes ddim amdanyn nhw, ac os wyt ti'n iawn wrth dybio mai White a'u gosododd nhw yn y sgubor fel magl, o b'le y cafodd o nhw? Mae gen i syniad 'u bod nhw wedi 'u cymryd heb ganiatâd o arfdy'r castell. Mi fydd yn rhaid trin hyn yn ofalus iawn. Lydia, Lydia, dydi un gwrthryfelwr penboeth yn y teulu ddim yn ddigon?'

'Ofni roeddwn i i Dewyrth Ellis gael bai ar gam,' meddai Lydia â dagrau yn ei llygaid. 'Mi wyddwn i mai cynllwyn ffiaidd oedd o. Doedden nhw ddim i fod yn y sgubor. Nid gwrthryfela oedd 'u dinistrio nhw!'

‘ Waeth befo, ’ngeneth i,’ meddai’i hewythr yn wresog. ‘ Roeddet ti’n driw ac yn ddewr, fel y dylai un o’th dras di fod. Ond nid i sôn am helynt White y dois i yma ar frys.’ Ac yn wir roedd golwg rhywun a oedd wedi marchogaeth yn wyllt arno, a’i ddillad yn dew gan lwch y ffordd. ‘ Mae gen i newydd go fawr ichi.’

Dychrynodd pawb ; cododd gwrid cyffro i fochau Modryb Kate.

‘ Newydd drwg ?’ gofynnodd Dewyrth Ellis.

‘Neges oddi wrth y brenin ei hun.’

‘ Rhaid ’i fod o’n newydd drwg felly,’ meddai Ellis Rowlands yn sarrug.

‘ Paid ti â bod yn amharchus o’r brenin, gyfaill ! Mae o wedi gneud tro da â thi.’

‘ Richard, sut y gelli di smalio fel hyn ?’ meddai Modryb Kate. ‘ Dywed dy newydd, da ti.’

‘ Mae’r brenin o’i ras, ac yn rhinwedd yr awdurdod sydd ganddo mewn materion crefyddol . . .’

‘ Hy !’ meddai Ellis Rowlands.

‘. . . wedi cyhoeddi Declarasiwn i atal y Deddfau Cosb.’

‘ Be’ ?’ Bu distawrwydd. Syllodd pawb ar ei gilydd. ‘ Amhosibl !’

‘ Mae o’n wir,’ meddai Dewyrth Richard. ‘ Fe fydd Ymneilltuwyr o hyn ymlaen yn rhydd i addoli yn eu tai cwrdd. Ac fe roddir hawl frenhinol i’w hathrawon i’w gwasanaethu.’

‘ Alla’ i mo’i gredu o,’ murmurodd Modryb Kate.

‘ Hwyrach fod White wedi clywed si am hyn ers dyddia’ a dyna pam roedd o mor benderfynol o ddŵad â chyhuddiad yn erbyn y Sentars cyn i’r gyfraith newydd ddod i rym.’

Eisteddai Ellis Rowlands â’i law dros ei lygaid : symudai’i wefusau’n ddistaw.

‘ Fe fydd yn rhaid iti gael trwydded, wyddost ti, i ddefnyddio rhyw le canolog fel tŷ cwrdd . . .’

‘ Y tŷ yma : b’le arall ?’ Dechreuodd llygaid Dewyrth Ellis ddisgleirio.

‘. . . a thrwydded i ti dy hun i ddysgu. Mi gei di gadw ysgol, a bugeilio dy braidd hefyd.’

‘ Ond beth ydi amcanion y brenin trwy wneud hyn ? Dyn mor fydol . . . beth sydd yn ’i galon o ?’

‘ Paid â holi ynghylch amcanion, Ellis. Duw yn unig sy’n dallt y rheiny.’

‘ Ac Efe sy’n gweithredu ei arfaeth yn rhyfedd iawn.’

Cyn iddo fynd, dywedodd Richard Griffith yn slei : ‘ Gyda llaw, mi glywais i fod ’na olwg go ryfedd ar y y creadur White ’na. Mae o’n gloff, ac wedi crafu’i wyneb a’i ddwylo rywfodd.’ Craffodd ar Ellis Rowlands. ‘ Bron na ddywedai dyn ’i fod o wedi cael cweir.’

‘ Duw a faddeuo imi,’ meddai Dewyrth Ellis, ‘ mi afael’is i ynddo fo a’i luchio i lawr yr allt.’

Chwarddodd Dewyrth Richard nes roedd o’n ysgwyd. ‘ Cymer ofal, ’rhen frawd. Fel un o weinidogion trwydd-edig ei Fawrhydi mi fydd yn rhaid iti ymddwyn yn fwy sobor a gwylaidd.’

Ni fu erioed y fath sgwrsio ag yr oedd yna uwch y bwrdd swper y noson honno. Ers i was yr Henfaes alw â’r llyfrau, wedi i’w feistr ddod o hyd iddyn nhw o dan y coed drain wrth ymyl yr ysgubor, doedd yna ddim i dorri ar hwyl y teulu. Gwrandawodd Lydia ar ei hewythr a’i modryb yn trafod eu cynlluniau at y dyfodol fel dau ifanc : ysgol ramadeg breifat, mwy o letywyr, tŷ mwy cyfleus, morwyn . . . dwy forwyn . . .

Toc dyma Modryb Kate yn cofio am y ddau letywr

presennol. Roedd y rheiny'n eistedd yn ddistaw wrth y bwrdd yn methu deall beth oedd yr holl gyffro.

'Mae'r ddau fach 'ma'n inc i gyd,' meddai. 'Sam a Huw, dwi'n siŵr fod 'na fwy o inc ar eich dwylo a'ch wynebau nag ar eich llyfrau sgrifennu chi.'

'Dydach chi ddim yn meddwl,' meddai Lydia, 'y gallai'r plant bach ddysgu'u llythrennau wrth eu sgrifennu mewn tywod ? Nid Sam a Huw—maen nhw'n hogia' mawr—ond y rhai bach ? Hambwrdd o dywod ar gyfer pob un.'

'Morus a roddodd y syniad yna iti,' meddai Dewyrth Ellis.

'Wel,' meddai Lydia, 'mi ddysg'is i sut i sgwennu f'enw mewn Groeg !'

Petrusodd Modryb Kate. 'Mi fasai gen i ofn iddyn nhw stompio chwarae, yn lle gweithio.'

'Dwi'n meddwl 'i fod o'n syniad campus,' meddai Dewyrth Ellis yn bendant, 'ac mae tywod yn ddigon rhad a glân. Ond gadewch inni anghofio'r ysgol am unwaith. Mae hi'n wanwyn o'r diwedd, ac yn noson braf. Be' am inni fynd allan am dro at y Cei ? Dowch, blant !'

A dyma'r tri'n mynd ym mreichiau'i gilydd, â'r ddau fach wrth eu sodlau, trwy'r Porth Mawr ac ar hyd y brif stryd i gyfeiriad y bwlch yn y mur, a glesni'r môr y tu draw i Borth-yr-aur.

NODYN HANESYDDOL

Cymeriadau hanesyddol yw'r mwyafrif mawr o bersonau'r llyfr hwn, ac y mae datblygiad eu cymeriadau'n gyson â'r ychydig a wyddys amdanyn nhw, â dau eithriad. Roedd gan Catherine Rowlands chwaer, Mary, priod Edward Wynne, Plas Taltreuddyn, ond y mae'r darlun o Mr a Mrs Wynne yn y stori hon yn gwbl ddychmygol.